巨大中国の今
―中級中国語 ディベートへの招待―

張 恒悦 著
古川 裕 監修

朝日出版社

音声ダウンロード

 音声再生アプリ「リスニング・トレーナー」新登場（無料）

朝日出版社開発のアプリ、「リスニング・トレーナー（リストレ）」を使えば、教科書の音声をスマホ、タブレットに簡単にダウンロードできます。どうぞご活用ください。

まずは「リストレ」アプリをダウンロード

▶ App Store はこちら　　▶ Google Play はこちら

アプリ【リスニング・トレーナー】の使い方

❶ アプリを開き、「コンテンツを追加」をタップ
❷ QRコードをカメラで読み込む

❸ QRコードが読み取れない場合は、画面上部に 45321 を入力し「Done」をタップします

QRコードは㈱デンソーウェーブの登録商標です

Webストリーミング音声

http://text.asahipress.com/free/ch/kyodai

◆本テキストの音声は、上記のアプリ、ストリーミングでのご提供となります。
　本テキストに CD・MP3 は付きません。

ま え が き

　中国語を学ぶ皆さんに『巨大中国の今－中級中国語　ディベートへの招待』をお届けします。

　このテキストでは、巨大な存在感を増やし続ける中国の様々な姿を 12 の話題として選びました。「ネット生活"网络生活"」、「自然環境"自然环境"」、「人口問題"人口问题"」、「交通の大発達"交通大开发"」、「不動産バブル"房地产泡沫"」、「世界ってこんなに大きい"世界这么大"」、「海外の中国人"海外的中国人"」などマスコミを日々賑わしている同時代の中国社会を代表する話題や、「大学生の夢"大学生的梦想"」、「大学入試"高考"」、「中国における日本文化"日本文化在中国"」、「中国語の外来語"汉语中的外来词"」、「祝祭日"节假日"」など中国語や現代文化をより深く理解するための話題を盛りだくさんに用意してあります。

　このテキストのセールスポイントは話題が豊富なことだけではありません。これら様々な話題をめぐる会話、作文、リスニング練習で中級中国語のトレーニングをしたあとに、各課のテーマに沿って設定されたテーマを調査し、調査結果のプレゼンを行います。そして、いよいよ最後に各テーマをめぐって、AチームとBチームそれぞれの立場からディベートを行なう…というのが最終目標です。

　このテキストの「ディベートへの招待」というサブタイトルは、自ら調べて集めたデータを活用し、これまで学んできた中国語を思う存分に駆使して、自分たちの意見を論理的に発信し議論する…というミッションを伝える招待状なのです。

　このテキストが、中国語を使いこなす楽しさをたっぷりと味わっていただくためのお手伝いとなれれば、著者たちにとってこれ以上の喜びはありません。

2018 年初秋

著者：張恒悦
監修：古川裕

目 录

第 1 课	网络生活	6
第 2 课	自然环境	10
第 3 课	世界这么大	14
第 4 课	日本文化在中国	18
第 5 课	房地产泡沫	22
第 6 课	大学生的梦想	26
第 7 课	人口问题	30
第 8 课	交通大开发	34
第 9 课	汉语中的外来词	38
第10课	高考	42
第11课	海外的中国人	46
第12课	节假日	50

网络生活
Wǎngluò shēnghuó

美佳1：小李，告诉你一个重大的消息，我把我妈妈说服了，她同意我去上海留学了！

小李1：是吗？太好了！你的愿望终于实现了！真为你高兴！

美佳2：谢谢。对了，我想问你一件事儿，在中国能用LINE吗？

小李2：用不了。不但LINE用不了，谷歌呀，雅虎呀，脸书呀，推特呀什么的也都没法用。

美佳3：真的？这可怎么办？我妈妈让我每天向她汇报情况呢！再说，我还得和日本的朋友保持联系呀。

小李3：那就用微信吧，英语叫"WeChat"。这个软件可以免费从网站上下载。你要在中国长期生活的话，一定要把微信这个东西搞明白。

美佳4：你说"一定要"？有那么重要吗？

小李4：确实很重要。中国不管男女老少，只要有智能手机，就一定在玩儿微信。而且，世界各国的海外华人也几乎都在用微信。

美佳5：这个网络可是大得不得了啊！

小李5：所以说，你想和中国人交朋友、扩展人脉，是离不开微信的。另外，除了聊天儿、发信息，微信还有各种各样的功能。比如，购物、打的、买机票、订酒店、预约餐馆儿、支付现金等。特别是过春节的时候，亲戚朋友之间都用微信发红包儿、抢红包儿，快乐极了！

美佳6：这么厉害，真是无所不能啊！

小李6：其实，不光是微信，淘宝、支付宝、携程、美团、百度等等，也给生活带来了极大的便利。

美佳7：支付宝？我见过，好像最近日本的便利店贴出广告说可以使用了。

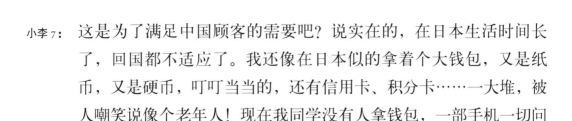

小李 7： 这是为了满足中国顾客的需要吧？说实在的，在日本生活时间长了，回国都不适应了。我还像在日本似的拿着个大钱包，又是纸币，又是硬币，叮叮当当的，还有信用卡、积分卡……一大堆，被人嘲笑说像个老年人！现在我同学没有人拿钱包，一部手机一切问题都解决了。

美佳 8： 什么？不用钱包了？哎呀，我还买了好几个钱包准备送中国朋友呢！

Měi jiā ①： Xiǎo Lǐ, gàosu nǐ yí ge zhòngdà de xiāoxi, wǒ bǎ wǒ māma shuōfú le, tā tóngyì wǒ qù Shànghǎi liúxué le!

xiǎo Lǐ ①： Shì ma? Tài hǎo le! Nǐ de yuànwàng zhōngyú shíxiàn le! Zhēn wèi nǐ gāoxìng!

Měi jiā ②： Xièxie. Duì le, wǒ xiǎng wèn nǐ yí jiàn shìr, zài Zhōngguó néng yòng LINE ma?

xiǎo Lǐ ②： Yòngbuliǎo. Búdàn LINE yòngbuliǎo, Gǔgē ya, Yǎhǔ ya, Liǎnshū ya, Tuītè ya shénme de yě dōu méi fǎ yòng.

Měi jiā ③： Zhēn de? Zhè kě zěnme bàn? Wǒ māma ràng wǒ měitiān xiàng tā huìbào qíngkuàng ne! Zài shuō, wǒ hái děi hé Rìběn de péngyou bǎochí liánxì ya.

xiǎo Lǐ ③： Nà jiù yòng Wēixìn ba, Yīngyǔ jiào "WeChat". Zhè ge ruǎnjiàn kěyǐ miǎnfèi cóng wǎngzhàn shang xiàzǎi. Nǐ yào zài Zhōngguó chángqī shēnghuó dehuà, yídìng yào bǎ Wēixìn zhè ge dōngxi gǎo míngbai.

Měi jiā ④： Nǐ shuō "yídìng yào"? Yǒu nàme zhòngyào ma?

xiǎo Lǐ ④： Quèshí hěn zhòngyào. Zhōngguó bùguǎn nánnǚ lǎoshào, zhǐyào yǒu zhìnéng shǒujī, jiù yídìng zài wánr Wēixìn. Érqiě, shìjiè gèguó de hǎiwài huárén yě jīhū dōu zài yòng Wēixìn.

Měi jiā ⑤： Zhè ge wǎngluò kěshì dà de bùdéliǎo a!

xiǎo Lǐ ⑤： Suǒyǐ shuō, nǐ xiǎng hé Zhōngguó rén jiāo péngyou, kuòzhǎn rénmài, shì líbukāi Wēixìn de. Lìngwài, chúle liáotiānr, fā xìnxī, Wēixìn háiyǒu gè zhǒng gè yàng de gōngnéng. Bǐrú, gòuwù, dǎdī, mǎi jīpiào, dìng jiǔdiàn, yùyuē cānguǎnr, zhīfù xiànjīn děng. Tèbié shi guò Chūnjié de shíhou, qīnqi péngyou zhī jiān dōu yòng Wēixìn fā hóngbāor, qiǎng hóngbāor, kuàilè jí le!

Měi jiā ⑥： Zhème lìhai, zhēn shì wú suǒ bù néng a!

xiǎo Lǐ ⑥： Qíshí, bù guāng shi Wēixìn, Táobǎo, Zhīfùbǎo, Xiéchéng, Měituán, Bǎidù děngděng, yě gěi shēnghuó dàilái le jí dà de biànlì.

Měi jiā ⑦： Zhīfùbǎo? Wǒ jiàn guo, hǎoxiàng zuìjìn Rìběn de biànlì diàn tiēchū guǎnggào shuō kěyǐ shǐyòng le.

xiǎo Lǐ ⑦： Zhè shì wèile mǎnzú Zhōngguó gùkè de xūyào ba? Shuō shízài de, zài Rìběn shēnghuó shíjiān cháng le, huí guó dōu bú shìyìng le. Wǒ hái xiàng zài Rìběn shìde ná zhe ge dà qiánbāo, yòu shi zhǐbì, yòu shi yìngbì, dīng dīng dāng dāng de, hái yǒu xìnyòngkǎ, jīfēnkǎ……yí dà duī, bèi rén cháoxiào shuō xiàng ge lǎonián rén! Xiànzài wǒ tóngxué méiyǒu rén ná qiánbāo, yíbù shǒujī yíqiè wèntí dōu jiějué le.

Měi jiā ⑧： Shénme? Bú yòng qiánbāo le? Āiya, wǒ hái mǎi le hǎo jǐ ge qiánbāo zhǔnbèi sòng Zhōngguó péngyou ne!

1 中国語で答えよう！

1. 美佳的妈妈发生了什么变化？

2. 美佳向小李打听什么情况？

3. 使用微信有哪些好处？

4. 中国比较著名的互联网公司有哪些？他们都提供什么服务？

5. 和日本人相比，中国人网络生活有什么特点？

2 中国語で言ってみよう！

1. 用不了……
   英語を6年以上も勉強したのに、今もまだ使えません。

2. 不光……，也……
   若い人だけではなく年配の人もWeChatを使っていて、WeChatは中国で最も大きな影響力をもったSNSだと言えます。

3. 只要……，就……
   問題さえ発見できれば、解決方法はきっと見つかります。

4. 除了……，还……
   彼は予備校の先生をしているほかに、喫茶店でバイトもしています。

5. 几乎都……
   あそこに住んでいる人は、ほとんど全員がITにかかわっています。

③ 中国語を聴き取ろう！　🔊 02

　　BAT是中国互联网三大巨头的简称，由分别代表百度、阿里巴巴和腾讯的【①　　　　　　　】组成。百度本来是一家搜索网站，阿里巴巴则从开发在线购物平台起家，而腾讯就是成功运营社交网络——微信的公司。这三家公司都成立于2000年前后，虽然【②　　　　　　　】，但是发展非常迅速。目前，三家公司已经【③　　　　　　　】，挤入世界IT10强企业之列。同时，三家公司也在积极投资【④　　　　　　　】、云计算、自动驾驶、【⑤　　　　　　　】等领域，有着十分令人瞩目的前景。

④ 中国語でプレゼンしよう！

利用网络调查一下"支付宝"，并用简洁的语言介绍一下支付宝的诞生、发展及现状。

⑤ 中国語でディベートしよう！

参考以下几个角度，分AB两方进行辩论和反驳。

1. 是否受时间、地点、商品种类的限制
2. 是否可以看到实物
3. 是否需要负担快递的费用
4. 是否可以信赖
5. 是否有购物的乐趣
6. 是否有自己带回家的麻烦

A方 论点：应该在实体店购物　　　B方 论点：应该利用网购

自然环境
Zìrán huánjìng

美佳1: 今天天空怎么灰蒙蒙的？你看，那边山的轮廓都模糊了，看不太清楚。

小李1: 有可能是从中国飘过来的雾霾。网上说最近华北地区的雾霾很严重，电视台已经发出了红色预警。

美佳2: 工业发展总是会带来污染的，以前英国、美国、日本也都出现过很长时间的雾霾。

小李2: 是啊，发展经济和保护环境很难两全。再说，中国的人口又那么多！

美佳3: 雾霾这么厉害，是不是和中国北方大部分地区烧暖气有关系呢？

小李3: 有关系。每次冬天回国，都觉得暖气太浪费了！外边儿即使到了零下20几度，屋子里还20多度，热得要穿T恤衫！而且屋子里连厕所浴室都有暖气，24小时供暖。你说这得消耗多少能源啊！空气能干净吗？

美佳4: 相比之下，日本的生活又有点儿太节能了！屋子里冰凉冰凉的。为了省电费，我从来不开空调。平时就用一个小被炉，暖和一下坐的地方就行了！

小李4: 不过，中国空气污染更大的原因还是工厂排出的废气。现在中国制造的商品卖遍全世界，工厂那么多，废气就多！

美佳5: 我看，汽车尾气也是一个原因。

小李5: 你说得太对了！过去一提起中国，日本人就会想起"自行车大国"这个词。但现在，骑自行车的人少多了，大家都开起了汽车。有的人家，还有好几台呢！

美佳6: 14亿人口都要开车的话，这对环境影响太大了！要想办法控制啊！

小李6: 政府也在控制啊！你知道吗？中国大城市买车之前先得摇号买

牌，否则，有车也开不了。而且，雾霾严重时，会对汽车实行限号的政策，比如，今天只允许单号车开，明天才能开双号车等等。

美佳7：哎呀，有车也不能开，这对爱车族来说可是太残酷了！

小李7：中国人来日本看到蓝蓝的天空和青山绿水，好羡慕啊！

美佳8：其实，日本的自然环境也不是完美的，虽然空气好一点儿，但老有火山喷发和地震，还有海啸！

Měi jiā ①：Jīntiān tiānkōng zěnme huīméngméng de? Nǐ kàn, nàbiān shān de lúnkuò dōu móhu le, kàn bú tài qīngchu.

xiǎo Lǐ ①：Yǒu kěnéng shì cóng Zhōngguó piāoguòlai de wùmái. Wǎngshang shuō zuìjìn Huáběi dìqū de wùmái hěn yánzhòng, diànshìtái yǐjing fāchū le hóngsè yùjǐng.

Měi jiā ②：Gōngyè fāzhǎn zǒngshì huì dàilai wūrǎn de, yǐqián Yīngguó, Měiguó, Rìběn yě dōu chūxiàn guo hěn cháng shíjiān de wùmái.

xiǎo Lǐ ②：Shì a, fāzhǎn jīngjì hé bǎohù huánjìng hěn nán liǎngquán. Zài shuō, Zhōngguó de rénkǒu yòu nàme duō!

Měi jiā ③：Wùmái zhème lìhai, shì bu shì hé Zhōngguó běifāng dàbùfen dìqū shāo nuǎnqì yǒu guānxi ne?

xiǎo Lǐ ③：Yǒu guānxi. Měi cì dōngtiān huíguó, dōu juéde nuǎnqì tài làngfèi le! Wàibiānr jíshǐ dào le língxià èrshi jǐ dù, wūzi li hái èrshi duō dù, rè de yào chuān T xùshān! Érqiě wūzi li lián cèsuǒ yùshì dōu yǒu nuǎnqì, èrshisì xiǎoshí gōngnuǎn. Nǐ shuō zhè děi xiāohào duōshao néngyuán a! Kōngqì néng gānjing ma?

Měi jiā ④：Xiāngbǐ zhī xià, Rìběn de shēnghuó yǒu yǒudiǎnr tài jiénéng le! Wūzi li bīngliáng bīngliáng de. Wèile shěng diànfèi, wǒ cónglái bù kāi kōngtiáo. Píngshí jiù yòng yí ge xiǎo bèilú, nuǎnhuo yíxià zuò de dìfang jiù xíng le!

xiǎo Lǐ ④：Búguò, Zhōngguó kōngqì wūrǎn gèng dà de yuányīn háishì gōngchǎng páichū de fèiqì. Xiànzài Zhōngguó zhìzào de shāngpǐn mài biàn quán shìjiè, gōngchǎng nàme duō, fèiqì jiù duō!

Měi jiā ⑤：Wǒ kàn, qìchē wěiqì yě shì yí ge yuányīn.

xiǎo Lǐ ⑤：Nǐ shuō de tài duì le! Guòqù yì tíqǐ Zhōngguó, Rìběn rén jiù huì xiǎngqǐ "zìxíngchē dàguó" zhè ge cí. Dàn xiànzài, qí zìxíngchē de rén shǎo duō le, dàjiā dōu kāiqǐ le qìchē. Yǒude rénjiā, hái yǒu hǎo jǐ tái ne!

Měi jiā ⑥：Shísì yì rénkǒu dōu yào kāi chē dehuà, zhè duì huánjìng yǐngxiǎng tài dà le! Yào xiǎng bànfǎ kòngzhì a!

xiǎo Lǐ ⑥：Zhèngfǔ yě zài kòngzhì a! Nǐ zhīdao ma? Zhōngguó dà chéngshì mǎi chē zhī qián xiān děi yáo hào mǎi chēpái, fǒuzé, yǒu chē yě kāibuliǎo. Érqiě, wùmái yánzhòng shí, huì duì qìchē shíxíng xiàn hào de zhèngcè, bǐrú, jīntiān zhǐ yǔnxǔ dānhào chē kāi, míngtiān cái néng kāi shuānghào chē děngděng.

Měi jiā ⑦：Āiya, yǒu chē yě bù néng kāi, zhè duì àichēzú lái shuō kě shì tài cánkù le!

xiǎo Lǐ ⑦：Zhōngguó rén lái Rìběn kàndao lánlán de tiānkōng hé qīngshān lǜshuǐ, hǎo xiànmù a!

Měi jiā ⑧：Qíshí, Rìběn de zìrán huánjìng yě bú shì wánměi de, suīrán kōngqì hǎo yìdiǎnr, dàn lǎo yǒu huǒshān pēnfā hé dìzhèn, hái yǒu hǎixiào!

① 中国語で答えよう！

1. 雾霾出现的时候，视觉上是什么样的状态?

2. 为什么说工业发展总会带来污染?

3. 中国的空气污染主要有哪些原因?

4. 限号政策对爱车族们会带来怎样的影响?

5. 日本的环境是十全十美的吗？为什么?

② 中国語で言ってみよう！

1. 是不是和……有关系呢?
   いま石油がこんなに高いのは、円安と関係があるのかな？

2. 连……都……
   彼は忙しすぎて、ご飯も食べずに会議に行きました。

3. 为了……，从来不……
   奨学金をもらえるように、私は遅刻をしたことがありません。

4. 一提起……，就会想起……
   高校時代といえば、毎日運動場でサッカーをした日々を思い出します。

5. 得……，否则……
   東京へ行くのならば早く行きなさい、さもないと間に合わないよ。

③ 中国語を聴き取ろう！　🔊 04

改革开放以后，中国的工业发展得非常迅速，人们的生活也有了巨大改善。然而，【①　　　　　　　　】也遭到了很大破坏。30多年前，北京秋天的天空是蓝蓝的，根本没有雾霾，真称得上是晴空万里。但现在已经成了一种遥远的回忆。空气是我们【②　　　　　　　　】，不能受到污染。为了保护好我们的环境，光靠政府的控制是不够的，还需要【③　　　　　　　　】。我们是否应该过【④　　　　　　　　】？是否应该【⑤　　　　　　　　】呢？

④ 中国語でプレゼンしよう！

利用网络调查一下"暖气"，并用简洁的语言介绍一下暖气的类型、普及范围及优缺点。

⑤ 中国語でディベートしよう！

参考以下几个角度，分AB两方进行辩论和反驳。

1. 价格上的不同
2. 纳税上的不同
3. 面子上的不同
4. 舒适度的不同
5. 体积的不同带来的停车上的考虑
6. 对环境影响的不同

A方　论点：应该买豪车　　　　B方　论点：应该买节能车

世界这么大
Shìjiè zhème dà

美佳1：昨天我在京都车站遇到了两个中国大学生，他们向我问路，我用汉语告诉他们怎么走，他们都听懂了！我太高兴了！

小李1：这说明你的汉语大有进步啊！他们要去哪儿呢？

美佳2：他们说要去岚山看樱花，还要参观那儿的周恩来诗歌纪念碑。下午回来打算先去清水寺，然后去宇治喝茶，时间好紧张啊！

小李2：好不容易来一次日本，就想抓紧时间多逛几个地方嘛。昨天我在大阪也遇到了两个中国人，是一对中年夫妇，他们前天从东京坐夜行巴士过来，刚刚去环球影城玩儿了一天，晚上还要去购物，一点儿也看不出来疲惫。

美佳3：最近来日本旅游的中国人真是太多了！走到哪儿都能听见有人说中国话。街上的商店纷纷挂出"春节快乐""热烈欢迎"的汉语牌子，有时候会想：这是日本吗？

小李3：日本是这样，欧美、东南亚也是这样，到处都是中国人的旅游团，到处都能看见中国人在大包小裹地买东西。前两天，我微信的朋友圈里还有几个人去南极旅游了，他们晒出了破冰船开进南极的视频。

美佳4：老天，去南极了？那要花多少钱啊！他们是土豪吗？

小李4：不是土豪，一般的人，中产阶级吧。但是，为了旅游舍得花钱。现在中国流行一句话叫"世界这么大，我想去看看"。人生是有限的，为了对得起自己，想去哪儿就去哪儿。

美佳5：中国人真的是有钱啊！他们在日本爆买，把日本老板们都吓住了。我不明白，他们怎么买那么多东西？

小李5：不但给自己买，也给父母公婆、兄弟姐妹或者亲朋好友买，送礼嘛。

美佳6：可是，好多东西都是中国生产的啊！难道中国卖的和日本卖的不一样吗？

小李6： 买的人觉得不一样，认为日本卖的质量更好更可靠。

美佳7： 那可能是因为进口到日本的东西经过了严格的质量检查。

小李7： 不过，爆买的情况没有以前那么厉害了。现在来日本的中国人最多买买化妆品和常备药，大家更重视体验日本文化，特别是年青人。

美佳8： 这么一说，我想起来了，我在京都遇到的两个大学生身上穿着和服，手里空空，好像什么东西也没买。

Měi jiā ①： Zuótiān wǒ zài Jīngdū chēzhàn yùdao le liǎng ge Zhōngguó dàxuéshēng, tāmen xiàng wǒ wèn lù, wǒ yòng Hànyǔ gàosu tāmen zěnme zǒu, tāmen dōu tīngdǒng le! Wǒ tài gāoxìng le!

xiǎo Lǐ ①： Zhè shuōmíng nǐ de Hànyǔ dà yǒu jìnbù a! Tāmen yào qù nǎr ne?

Měi jiā ②： Tāmen shuō yào qù Lánshān kàn yīnghuā, hái yào cānguān nàr de Zhōu Ēnlái shīgē jìniànbēi. Xiàwǔ huílai dǎsuan xiān qù Qīngshuǐsì, ránhòu qù Yǔzhì hē chá, shíjiān hǎo jǐnzhāng a!

xiǎo Lǐ ②： Hǎo bù róngyì lái yí cì Rìběn, jiù xiǎng zhuājǐn shíjiān duō guàng jǐ ge dìfang ma. Zuótiān wǒ zài Dàbǎn yě yùdao le liǎng ge Zhōngguó rén, shì yí duì zhōngnián fūfù, tāmen qiántiān cóng Dōngjīng zuò yèxíng bāshì guòlai, gānggāng qù Huánqiú yǐngchéng wánr le yì tiān, wǎnshang hái yào qù gòuwù, yìdiǎnr yě kànbuchūlái píbèi.

Měi jiā ③： Zuìjìn lái Rìběn lǚyóu de Zhōngguó rén zhēnshi tài duō le! Zǒudao nǎr dōu néng tīngjian yǒu rén shuō Zhōngguó huà. Jiēshang de shāngdiàn fēnfēn guàchū "Chūnjié kuàilè" "rèliè huānyíng" de Hànyǔ páizi, yǒu shíhou huì xiǎng: Zhè shì Rìběn ma?

xiǎo Lǐ ③： Rìběn shì zhèyàng, Ōu-Měi, Dōngnányà yě shì zhèyàng, dàochù dōushì Zhōngguó rén de lǚyóutuán, dàochù dōu néng kànjian Zhōngguó rén zài dà bāo xiǎo guǒ de mǎi dōngxi. Qián liǎng tiān, wǒ Wēixìn de péngyouquān li hái yǒu jǐ ge rén qù Nánjí lǚyóu le, tāmen shàichū le pòbīngchuán kāijìn Nánjí de shìpín.

Měi jiā ④： Lǎotiān, qù Nánjí le? Nà yào huā duōshao qián a! Tāmen shì tǔháo ma?

xiǎo Lǐ ④： Bú shì tǔháo, yìbān de rén, zhōngchǎn jiējí ba. Dànshì, wèile lǚyóu shěde huā qián. Xiànzài Zhōngguó liúxíng yí jù huà jiào "Shìjiè zhème dà, wǒ xiǎng qù kànkan". Rénshēng shì yǒuxiàn de, wèile duìdeqǐ zìjǐ, xiǎng qù nǎr jiù qù nǎr.

Měi jiā ⑤： Zhōngguó rén zhēnde shì yǒu qián a! Tāmen zài Rìběn bàomǎi, bǎ Rìběn lǎobǎn men dōu xiàzhu le. Wǒ bù míngbai, tāmen zěnme mǎi nàme duō dōngxi?

xiǎo Lǐ ⑤： Búdàn gěi zìjǐ mǎi, yě gěi fùmǔ gōngpó, xiōngdì jiěmèi huòzhě qīnpéng hǎoyǒu mǎi, sònglǐ ma.

Měi jiā ⑥： Kěshì, hǎo duō dōngxi dōu shì Zhōngguó shēngchǎn de a! Nándào Zhōngguó mài de hé Rìběn mài de bù yíyàng ma?

xiǎo Lǐ ⑥： Mǎi de rén juéde bù yíyàng, rènwéi Rìběn mài de zhìliàng gèng hǎo gèng kěkào.

Měi jiā ⑦： Nà kěnéng shì yīnwèi jìnkǒu dào Rìběn de dōngxi jīngguò le yángé de zhìliàng jiǎnchá.

xiǎo Lǐ ⑦： Búguò, bàomǎi de qíngkuàng méiyǒu yǐqián nàme lìhai le. Xiànzài lái Rìběn de Zhōngguó rén zuì duō mǎimai huàzhuāngpǐn hé chángbèiyào, dàjiā gèng zhòngshì tǐyàn Rìběn wénhuà, tèbié shì niánqīng rén.

Měi jiā ⑧： Zhème yìshuō, wǒ xiǎngqǐlái le, wǒ zài Jīngdū yùdao de liǎng ge dàxuéshēng shēnshang chuān zhe héfú, shǒuli kōngkōng, hǎoxiàng shénme dōngxi yě méi mǎi.

1 中国語で答えよう！

1. 中国人比较喜欢的京都观光景点有哪些?

2. 为了欢迎来日本的中国游客，商家们作出了什么样的表示?

3. 中国人只来日本旅游吗?

4. 中国人爆买日本产品的原因是什么?

5. 和中老年人相比，年青人的旅游目的有什么不同?

2 中国語で言ってみよう！

1. 一点儿也……
   彼の中国語はすごく流暢で、外国語のなまりが少しもありません。

2. 到处都……
   どこでも新鮮なフルーツと野菜があります。

3. 想去哪儿就去哪儿……
   父はもう退職したので、どこでも行きたいところへ行けます。

4. 难道……
   もうすぐ試験が始まるのに彼はまだ来ていません。まさか試験の時間を間違って覚えたのかな？

5. 什么的……
   彼は身体の具合があまり良くないので、酒やタバコなどは全てやめました。

③ 中国語を聴き取ろう！　🔊 06

　　30年前，没有人会想到今天有这么多的中国人全世界去旅游、去爆买。这当然和这些年来【①　　　　　　　　】有密切的关系。温饱解决了嘛，人就有了【②　　　　　　　　】，就想到外边去开开眼界。对于中国人来说，欧美是【③　　　　　　　　】，但亚洲也是不错的选择。其实，很多人是很喜欢来日本的。原因有几个。第一，日本和中国在文化上有很多相近的地方，双方都【④　　　　　　　　】，有亲近感。第二，日本离中国很近，坐飞机两个多小时就到了，既没有旅途的疲惫，又节省费用。第三，【⑤　　　　　　　　】，可以尽情地购物。

④ 中国語でプレゼンしよう！

利用网络调查一下"日本环球影城"，并用简洁的语言介绍其地理位置、主要设施及人气度。

⑤ 中国語でディベートしよう！

参考以下几个角度，分AB两方进行辩论和反驳。

1. 历史和文化
2. 现代化国际化程度
3. 经济发展程度
4. 交通便利程度
5. 饮食风格
6. 风土人情

A方　论点：应该去关东旅游　　　B方　论点：应该去关西旅游

日本文化在中国
Rìběn wénhuà zài Zhōngguó

美佳1： 小李，一直想问你一个问题：你本来是学英语的，怎么跑到日本来留学了呢？而且选择的是日本文学专业？

小李1： 说来话长。本来，我是很喜欢学英语的，而且打算大学毕业后去美国等英语国家留学，可是到了大二，我迷上了日本文化，迷得如痴如狂，所以，大学毕业时，我就决定来日本。

美佳2： 日本文化？这说得太笼统了，具体是什么呢？

小李2： 开始时是漫画和动漫，后来发展到日本音乐、日本文学，还有日本这个国家的山川河流、风土人情，总之，是日本文化的全部！

美佳3： 好像中国大学生都很喜欢日本的漫画和动漫啊！

小李3： 是的，我大学同学里没有人没看过日本的漫画和动漫。我宿舍同屋4个人，人人都是日本的动漫迷和游戏迷。有的时候，我们会熬夜看动漫打游戏。真的十分下工夫。

美佳4： 你们这么着迷，不会影响学习吗？你有没有挂科的情况？

小李4： 没有，没有，不耽误学习的。你知道吗？看动漫也是学习啊！我的日语就是跟动漫学会的。我和同屋还一起翻译过一个日本小电影的字幕。现在中国网上放的日语视频呀，日语新闻什么的，一般都有汉语字幕。那些字幕大部分是大学里的动漫爱好者社团无偿制作的。

美佳5： 是吗？那日本音乐和文学在中国也很有人气吗？

小李5： 当然啦。其实，在中国的歌厅里，日文歌儿有的是。我来日本之前，日本的偶像歌星全知道，他们的歌儿也都会唱。文学方面嘛，村上春树和东野圭吾的书从来都是畅销书。

美佳6： 真想不到日本文化在中国这么受欢迎！不过，你放弃英语专业来日本，你家人没反对吗？

小李6： 我爷爷奶奶反对，他们是东北人，小时候经历过战争，在感情上有点儿转不过来。

美佳7： 那你父母赞成吗？

小李7： 我父亲不管我，他说"自己的路自己走"。我母亲说去日本好，去美国的话，她倒是有点儿担心呢。

美佳8： 为什么？

小李8： 她说日本治安好，美国有枪，太可怕了！

Měi jiā ①： Xiǎo Lǐ, yìzhí xiǎng wèn nǐ yí ge wèntí: nǐ běnlái shì xué Yīngyǔ de, zěnme pǎodao Rìběn lái liúxué le ne? Érqiě xuǎnzé de shì Rìběn wénxué zhuānyè?

xiǎo Lǐ ①： Shuō lái huà cháng. Běnlái, wǒ shì hěn xǐhuan xué Yīngyǔ de, érqiě dǎsuan dàxué bìyè hòu qù Měiguó děng Yīngyǔ guójiā liúxué, kěshì dào le dà'èr, wǒ míshàng le Rìběn wénhuà, mí de rú chī rú kuáng, suǒyǐ, dàxué bìyè shí, wǒ jiù juédìng lái Rìběn.

Měi jiā ②： Rìběn wénhuà? Zhè shuō de tài lǒngtǒng le, jùtǐ shì shénme ne?

xiǎo Lǐ ②： Kāishǐ shí shì mànhuà hé dòngmàn, hòulái fāzhǎn dào Rìběn yīnyuè, Rìběn wénxué, háiyǒu Rìběn zhèi ge guójiā de shānchuān héliú, fēngtǔ rénqíng, zǒngzhī, shì Rìběn wénhuà de quánbù!

Měi jiā ③： Hǎoxiàng Zhōngguó dàxuéshēng dōu hěn xǐhuan Rìběn de mànhuà hé dòngmàn a!

xiǎo Lǐ ③： Shì de, wǒ dàxué tóngxué li méiyǒu rén méi kàn guo Rìběn de mànhuà hé dòngmàn. Wǒ sùshè tóngwū sì ge rén, rénrén dōushì Rìběn de dòngmànmí hé yóuxìmí. Yǒu de shíhou, wǒmen huì áoyè kàn dòngmàn dǎ yóuxì. Zhēnde shífēn xià gōngfu.

Měi jiā ④： Nǐmen zhème zháomí, bú huì yǐngxiǎng xuéxí ma? Nǐ yǒu méiyǒu guàkē de qíngkuàng?

xiǎo Lǐ ④： Méiyǒu, méiyǒu, bù dānwu xuéxí de. Nǐ zhīdao ma? Kàn dòngmàn yě shì xuéxí a! Wǒ de Rìyǔ jiùshì gēn dòngmàn xuéhuì de. Wǒ hé tóngwū hái yìqǐ fānyì guo yí ge Rìběn xiǎo diànyǐng de zìmù. Xiànzài Zhōngguó wǎngshang fàng de Rìyǔ shìpín ya, Rìyǔ xīnwén shénme de, yìbān dōu yǒu Hànyǔ zìmù. Nà xiē zìmù dàbùfen shì dàxué li de dòngmàn àihàozhě shètuán wúcháng zhìzuò de.

Měi jiā ⑤： Shì ma? Nà Rìběn yīnyuè hé wénxué zài Zhōngguó yě hěn yǒu rénqì ma?

xiǎo Lǐ ⑤： Dāngrán la. Qíshí, zài Zhōngguó de gētīng li, Rìwén gēr yǒudeshì. Wǒ lái Rìběn zhī qián, Rìběn de ǒuxiàng gēxīng quán zhīdao, tāmen de gēr yě dōu huì chàng. Wénxué fāngmiàn ma, Cūnshàng Chūnshù hé Dōngyě Guīwú de shū cónglái dōushì chàngxiāoshū.

Měi jiā ⑥： Zhēn xiǎngbudào Rìběn wénhuà zài Zhōngguó zhème shòu huānyíng! Búguò, nǐ fàngqì Yīngyǔ zhuānyè lái Rìběn, nǐ jiārén méi fǎnduì ma?

xiǎo Lǐ ⑥： Wǒ yéye nǎinai fǎnduì, tāmen shì Dōngběi rén, xiǎo shíhou jīnglì guo zhànzhēng, zài gǎnqíng shang yǒudiǎnr zhuǎnbuguòlái.

Měi jiā ⑦： Nà nǐ fùmǔ zànchéng ma?

xiǎo Lǐ ⑦： Wǒ fùqin bù guǎn wǒ, tā shuō "Zìjǐ de lù zìjǐ zǒu". Wǒ mǔqin shuō qù Rìběn hǎo, qù Měiguó dehuà, tā dàoshi yǒudiǎnr dānxīn ne.

Měi jiā ⑧： Wèi shénme?

xiǎo Lǐ ⑧： Tā shuō Rìběn zhì'ān hǎo, Měiguó yǒu qiāng, tài kěpà le!

1 中国語で答えよう！

1. 小李放弃自己专业的原因是什么？

2. 大学的动漫爱好者社团通常有什么活动？

3. 在中国最有名的日本作家是谁？

4. 小李的爷爷奶奶为什么反对他来日本留学？

5. 日本文化哪些方面在中国有人气？

2 中国語で言ってみよう！

1. 本来……，可是……
   もともと姉と北海道へ行くつもりでしたが、姉は時間が無くなってしまったので、友達と一緒に行きました。

2. 开始时……，后来……
   初めは難しいと思いましたが、徐々に慣れてきて、難しいとは思わなくなりました。

3. 好像……
   明日は台風が来るみたいだ。

4. 没有人没……
   この映画はすごく有名で、私たちのクラスで見ていない人はいません。

5. 倒……
   このバッグ好きじゃないの？私はとっても可愛いと思うけど。

③ 中国語を聴き取ろう！　　　　　　　　　　　　　　　　　　08

日本文化在中国【①　　　　　　　　】。在娱乐方面，漫画、动漫和电子游戏几十年来一直影响着【②　　　　　　　　】。可以这样说，70后是最早从小看日本动漫的一代，不过，那时候数量不多，只有电视上播放的《铁臂阿童木》《聪明的一休》等几个动漫；80后小时候既有动漫也有漫画，街头到处都在卖《哆啦A梦》等漫画；到了90后以后，随着【③　　　　　　　　】，玩儿日本游戏的孩子明显增多。【④　　　　　　　　】，日本料理也慢慢走进了中国人的生活。现在，年轻人很喜欢去吃日本菜，"刺身""天妇罗""寿司""纳豆"等【⑤　　　　　　　　】在上海等大城市的超市里就可以买到。

④ 中国語でプレゼンしよう！

利用网络调查一下在中国人气高的日本影星，并用简洁的语言介绍他（她）的作品及人气高的原因。

⑤ 中国語でディベートしよう！

参考以下几个角度，分AB两方进行辩论和反驳。

1. 对兴趣的影响
2. 对视力的影响
3. 对文字学习的影响
4. 对想像力培养的影响
5. 对外语学习的影响
6. 未来趋式

A方 论点：小孩应该多看动漫　　　B方 论点：小孩应该多看纸质的书

房地产泡沫
Fángdìchǎn pàomò

小李1： 啊——！困死了！昨天打工打得太晚，只睡了四个小时，今天上课差点儿睡着了。

美佳1： 你这么打工太伤身体了！王磊说他不打工，你应该向他学习。

小李2： 这个可学不了。王磊家很有钱，每个月给他寄25万日元生活费呢，他当然不需要打工。可我父母都是普通职员，给我掏学费都已经很吃力了，生活费得我自己挣。

美佳2： 这么说，王磊属于"富二代"了，他爸是做买卖的，还是企业老板？

小李3： 都不是。他爸家本来在北京四环外，世代务农。因为家里人口比较多，房子和院子比较大，十几年前房地产开发动迁的时候，一下子得到了六套公寓。现在这六套房子总价值在6亿日元以上，每个月光是房租都花不完。

美佳3： 哇！一夜暴富嘛！说实在的，北京、上海、深圳的房价真是高得不可思议。

小李4： 没办法，这三个城市是中国经济最发达的地区，也是高端教育医疗资源最集中的地区，更是年轻人追求梦想的地区。所以，我同学大学毕业后，大部分都选择了这三个城市。

美佳4： 怪不得房地产泡沫越来越大。你同学都生活得怎么样？有人买房子了吗？

小李5： 刚刚毕业没几年，父母经济能力的差距也就是大家生活水平的差距。比如，王磊这样的家有房子的人，日子自然过得悠哉游哉的，而像我这种父母在小城市家境一般的人，也有人咬牙买房子了，但基本上都是月月还高额贷款压力极大的房奴。

美佳5： 中国不是还有"孩奴"的说法吗？我觉得，当"孩奴"是有意义的，房子嘛，不过是一堆水泥钢筋，当"房奴"则大可不必！

小李6： 在中国，没有房子是结不了婚的！不结婚哪儿来的孩子啊！

美佳6： 租房子不就得了吗？多简单的事儿啊！

小李7： 原因很复杂，有房子和没房子真的不一样。没房子的话，到处找房子，和房东的关系很难搞，生活没有安定感不说，对孩子的就学也多有不利。所以，即使姑娘愿意嫁，丈母娘还不愿意呢！这种由丈母娘助长的高房价被戏称为"丈母娘经济"。

美佳7： 日本的房子便宜，你拿到硕士学位后留日本工作吧。

小李8： 哪儿呀，东京的房价也一样让人望而生畏呀！

xiǎo Lǐ①： A—! Kùnsǐ le! Zuótiān dǎgōng dǎ de tài wǎn, zhǐ shuì le sì ge xiǎoshí, jīntiān shàngkè chàdiǎnr shuìzháo le.

Měi jiā①： Nǐ zhème dǎgōng tài shāng shēntǐ le! Wáng Lěi shuō tā bù dǎgōng, nǐ yīnggāi xiàng tā xuéxí.

xiǎo Lǐ②： Zhè ge kě xuébuliǎo. Wáng Lěi jiā hěn yǒu qián, měi ge yuè gěi tā jì èrshiwǔ wàn Rìyuán shēnghuófèi ne, tā dāngrán bù xūyào dǎgōng. Kě wǒ fùmǔ dōu shì pǔtōng zhíyuán, gěi wǒ tāo xuéfèi dōu yǐjing hěn chīlì le, shēnghuófèi děi wǒ zìjǐ zhèng.

Měi jiā②： Zhème shuō, Wáng Lěi shǔyú "fù'èrdài" le, tā bà shì zuò mǎimai de, háishi qǐyè lǎobǎn?

xiǎo Lǐ③： Dōu bú shì. Tā bà jiā běnlái zài Běijīng Sìhuán wài, shìdài wùnóng. Yīnwèi jiāli rénkǒu bǐjiào duō, fángzi hé yuànzi bǐjiào dà, shíjǐ nián qián fángdìchǎn kāifā dòngqiān de shíhou, yíxiàzi dédào le liù tào gōngyù. Xiànzài zhè liù tào fángzi zǒng jiàzhí zài liù yì Rìyuán yǐshàng, měi ge yuè guāng shi fángzū dōu huābuwán.

Měi jiā③： Wa! Yíyè bàofù ma! Shuō shízài de, Běijīng, Shànghǎi, Shēnzhèn de fángjià zhēn shi gāo de bù kě sī yì.

xiǎo Lǐ④： Méi bànfǎ, zhè sān ge chéngshì shì Zhōngguó jīngjì zuì fādá de dìqū, yě shì gāoduān jiàoyù yīliáo zīyuán zuì jízhōng de dìqū, gèng shì niánqīng rén zhuīqiú mèngxiǎng de dìqū. Suǒyǐ, wǒ tóngxué dàxué bìyè hòu, dàbùfen dōu xuǎnzé le zhè sān ge chéngshì.

Měi jiā④： Guàibude fángdìchǎn pàomò yuè lái yuè dà. Nǐ tóngxué dōu shēnghuó de zěnmeyàng? Yǒu rén mǎi fángzi le ma?

xiǎo Lǐ⑤： Gānggāng bìyè méi jǐ nián, fùmǔ jīngjì nénglì de chājù yě jiùshì dàjiā shēnghuó shuǐpíng de chājù. Bǐrú, Wáng Lěi zhèyàng de jiā yǒu fángzi de rén, rìzi zìrán guò de yōuzāi yóuzāi de, ér xiàng wǒ zhè zhǒng fùmǔ zài xiǎo chéngshì jiājìng yìbān de rén, yě yǒu rén yǎo yá mǎi fángzi le, dàn jīběn shang dōu shì yuèyuè huán gāo'é dàikuǎn yālì jídà de fángnú.

Měi jiā⑤： Zhōngguó bú shì hái yǒu "háinú" de shuōfǎ ma? Wǒ juéde, dāng "háinú" shì yǒu yìyì de, fángzi ma, búguò shì yì duī shuǐní gāngjīn, dāng "fángnú" zé dà kě bú bì!

xiǎo Lǐ⑥： Zài Zhōngguó, méiyǒu fángzi shì jiébuliǎo hūn de! Bù jiéhūn nǎr lái de háizi a!

Měi jiā⑥： Zū fángzi bú jiù déle ma? Duō jiǎndān de shìr a!

xiǎo Lǐ⑦： Yuányīn hěn fùzá, yǒu fángzi hé méi fángzi zhēnde bù yíyàng. Méi fángzi dehuà, dàochù zhǎo fángzi, hé fángdōng de guānxi hěn nángǎo, shēnghuó méiyǒu āndìnggǎn bù shuō, duì háizi de jiùxué yě duō yǒu búlì. Suǒyǐ, jíshǐ gūniang yuànyì jià, zhàngmǔniáng hái bú yuànyì ne! Zhè zhǒng yóu zhàngmǔniáng zhùzhǎng de gāo fángjià bèi xìchēng wéi "zhàngmǔniáng jīngjì".

Měi jiā⑦： Rìběn de fángzi piányi, nǐ nádào shuòshì xuéwèi hòu liú Rìběn gōngzuò ba.

xiǎo Lǐ⑧： Nǎr ya, Dōngjīng de fángjià yě yíyàng ràng rén wàng ér shēng wèi ya!

① 中国語で答えよう！

1. 小李为什么要打工？

2. 王磊家是怎么暴富的？

3. 北京、上海和深圳房价居高不下的原因何在？

4. "房奴"是什么样的人？

5. 中国人为什么要买房子？

② 中国語で言ってみよう！

1. 差点儿……
   昨日は飛行機に乗るために大慌てで、もう少しでサイフを忘れるところでした。

2. 光……都……
   子供たちは忙しすぎて、毎日の宿題だけでもやり終わりません。

3. 是……，也是……，还是……
   ここは私の生まれた場所であり、父が生まれた場所でもあり、祖父が育った場所でもあります。

4. 怪不得……
   あのラーメン屋さんが店を閉じたのは、店長が病気になったからなのか。

5. 即使……也……
   たとえ天気が良くても、彼は外に出たがりません。

③ 中国語を聴き取ろう！ 🔊 10

　　高房价是当前中国一个引起广泛关注的社会问题。然而，仔细看看，高房价主要指的是北上广深等几个一线城市的问题。其实，【①　　　　　　】的房地产都不低。纽约、多伦多当然很贵，伦敦、巴黎也不便宜。这是因为【②　　　　　　】不断向这些城市流入的缘故。特别是年青人，一般都不喜欢住在乡下，都向往去大城市，结果必然带来【③　　　　　　】。在中国，中小城市的交通条件和生活水准近些年有了很大的提高，但房价却不高。而现在网络又是这么发达，即使生活在小城市也完全没有【④　　　　　　】啊！所以，在一个山青水秀风景宜人的小城定居未尝不是一个【⑤　　　　　　】呢！

④ 中国語でプレゼンしよう！

利用网络调查一下深圳，并用简洁的语言介绍其形成、发展过程及主要产业。

⑤ 中国語でディベートしよう！

参考以下几个角度，分 AB 两方进行辩论和反驳。

1. 房价的动向
2. 房租的动向
3. 通货膨胀的动向
4. 贷款的负担
5. 搬家的自由
6. 资产的形成

A方 论点：应该买房子　　　　B方 论点：应该租房子

大学生的梦想

美佳1： 小李，你将来想做什么工作？

小李1： 想当大学老师啊！打算走教书育人搞学问的路。

美佳2： 你这个人生目标是什么时候定下来的？

小李2： 大学期间啊。上大学之后，大家都纷纷考虑自己的职业选择，有的人想毕了业就工作，考公务员或者去公司；有的人想创业，自己开公司；像我这样的只想留在大学校园里的人，唯一的选择就是考研究生了。

美佳3： 中国大学生考研的人多吗？

小李3： 非常多。考的人很多，竞争也很激烈。

美佳4： 这和日本的情况有所不同啊。在日本，大部分的学生不考研，因为年龄大了，就不容易找工作了。再说，读研不但不挣钱，还要继续交学费，这给父母带来的负担太重了，自己于心不忍。

小李4： 和中国学生相比，日本学生考研不积极，留学也不太积极，这也是因为不想给父母添麻烦吗？

美佳5： 是的！我就是。我心里一直想去留学的，但考虑到我弟弟也在上大学，妹妹现在上高中，我怎么好意思再增加父母的负担？我发现，中国大学生想创业的人也比日本多得多。

小李5： 的确如此。我大学同学中不少人的梦想就是当老板，有的人已经着手创业了。

美佳6： 要创业需要资金、经验和人脉，不容易啊！大家胆子好大啊！

小李6： 资金不必担忧，只要你的项目有潜力，风险投资会主动找上门来的。经验也是不必要的，因为成功的关键在于你得有独特的想法。至于人脉嘛，也没那么重要。马云就是一个例子，他出身于一个普通的家庭，什么背景也没有，照样成功。

美佳7： 好像中国大学生都很崇拜马云！

小李7： 提到马云，中国人都会联想到孙正义。他用敏锐的眼光看中了阿里巴巴，给马云一大笔早期投资，不仅让阿里巴巴获得了巨大发展，自己也赚得盆满钵满，中国大学生对他更是崇拜得五体投地。

美佳8： 你说的就是那个软银总裁孙正义吧？我对他还真不太了解，得赶快找本他的传记来读读。

Měi jiā ①： Xiǎo Lǐ, nǐ jiānglái xiǎng zuò shénme gōngzuò?

xiǎo Lǐ ①： Xiǎng dāng dàxué lǎoshī a! Dǎsuan zǒu jiāoshū yùrén gǎo xuéwèn de lù.

Měi jiā ②： Nǐ zhè ge rénshēng mùbiāo shì shénme shíhou dìngxiàlai de?

xiǎo Lǐ ②： Dàxué qījiān a. Shàng dàxué zhī hòu, dàjiā dōu fēnfēn kǎolǜ zìjǐ de zhíyè xuǎnzé, yǒude rén xiǎng bì le yè jiù gōngzuò, kǎo gōngwùyuán huòzhě qù gōngsī; yǒude rén xiǎng chuàngyè, zìjǐ kāi gōngsī; xiàng wǒ zhèyàng de zhǐ xiǎng liú zài dàxué xiàoyuán li de rén, wéiyī de xuǎnzé jiùshì kǎo yánjiūshēng le.

Měi jiā ③： Zhōngguó dàxuéshēng kǎoyán de rén duō ma?

xiǎo Lǐ ③： Fēicháng duō. Kǎo de rén hěn duō, jìngzhēng yě hěn jīliè.

Měi jiā ④： Zhè hé Rìběn de qíngkuàng yǒu suǒ bùtóng a. Zài Rìběn, dàbùfen de xuésheng bù kǎoyán, yīnwèi niánlíng dà le, jiù bù róngyì zhǎo gōngzuò le. Zài shuō, dúyán búdàn bú zhèng qián, hái yào jìxù jiāo xuéfèi, zhè gěi fùmǔ dàilái de fùdān tài zhòng le, zìjǐ yú xīn bù rěn.

xiǎo Lǐ ④： Hé Zhōngguó xuésheng xiāngbǐ, Rìběn xuésheng kǎoyán bù jījí, liúxué yě bú tài jījí, zhè yě shì yīnwèi bù xiǎng gěi fùmǔ tiān máfan ma?

Měi jiā ⑤： Shì de! Wǒ jiù shì. Wǒ xīnli yìzhí xiǎng qù liúxué de, dàn kǎolǜ dào wǒ dìdi yě zài shàng dàxué, mèimei xiànzài shàng gāozhōng, wǒ zěnme hǎo yìsi zài zēngjiā fùmǔ de fùdān? Wǒ fāxiàn, Zhōngguó dàxuéshēng xiǎng chuàngyè de rén yě bǐ Rìběn duō de duō.

xiǎo Lǐ ⑤： Díquè rúcǐ. Wǒ dàxué tóngxué zhōng bù shǎo rén de mèngxiǎng jiùshì dāng lǎobǎn, yǒude rén yǐjīng zhuóshǒu chuàngyè le.

Měi jiā ⑥： Yào chuàngyè xūyào zījīn, jīngyàn hé rénmài, bù róngyì a! Dàjiā dǎnzi hǎo dà a!

xiǎo Lǐ ⑥： Zījīn búbì dānyōu, zhǐyào nǐ de xiàngmù yǒu qiánlì, fēngxiǎn tóuzī huì zhǔdòng zhǎo shàng mén lái de. Jīngyàn yě shì bú bìyào de, yīnwèi chénggōng de guānjiàn zàiyú nǐ děi yǒu dútè de xiǎngfǎ. Zhìyú rénmài ma, yě méi nàme zhòngyào. Mǎ Yún jiùshì yí ge lìzi, tā chūshēn yú yí ge pǔtōng de jiātíng, shénme bèijǐng yě méiyǒu, zhàoyàng chénggōng.

Měi jiā ⑦： Hǎoxiàng Zhōngguó dàxuéshēng dōu hěn chóngbài Mǎ Yún!

xiǎo Lǐ ⑦： Tídào Mǎ Yún, Zhōngguó rén dōu huì liánxiǎng dào Sūn Zhèngyì. Tā yòng mǐnruì de yǎnguāng kànzhòng le Ālǐbābā, gěi Mǎ Yún yí dà bǐ zǎoqī tóuzī, bùjǐn ràng Ālǐbābā huòdé le jùdà fāzhǎn, zìjǐ yě zhuàn de pén mǎn bō mǎn, Zhōngguó dàxuéshēng duì tā gèngshì chóngbài de wǔ tǐ tóu dì.

Měi jiā ⑧： Nǐ shuō de jiùshì nà ge Ruǎnyín zǒngcái Sūn Zhèngyì ba? Wǒ duì tā hái zhēn bú tài liǎojiě, děi gǎnkuài zhǎo běn tā de zhuànjì lái dúdu.

1　中国語で答えよう！

1. 中国大学生都有哪些职业选择？

2. 在中国，考研为什么竞争很激烈？

3. 美佳认为创业需要哪些条件？

4. 小李觉得创业时什么条件最重要？为什么？

5. 孙正义和马云是什么关系？

2　中国語で言ってみよう！

1. 有的人……，有的人……，像我这样……的人……
   歌が好きな人もいれば踊りが好きな人もいる。私のように静かなことが好きな人は本を読むのが最大の楽しみです。

2. ……，再说，……
   私は仕事が忙しいし、それに今年は暑すぎるから、夏休みは旅行に行くのはやめましょう。

3. 和……相比，……
   北京の物価に比べて、ここの物価は本当に安すぎます。

4. 考虑到……
   大学を卒業した後、私は上海で働いていましたが、両親の年齢のことを考えて、去年仕事を辞めて故郷に帰りました。

5. ……至于……，
   この人に会ったことがありますが、どこに住んでいるかは知りません。

3 中国語を聴き取ろう！ 🔊 12

虽然世界上的工作有千千万万，但每个人在【① 　　　　　】的时候，都免不了犹豫苦恼。话又说回来了，每一种工作都有其存在的【② 　　　　　】，并没有高低贵贱之分。因此，【③ 　　　　　】可以变得简洁明快，即喜欢就好。表面看起来，大公司的总裁或者大明星什么的拥有【④ 　　　　　】，令人羡慕，但那些人所承受的精神压力却是超出想象的，而且一旦失败或失去人气，所受的打击也是巨大的。与之相比，平凡的人生自有一份难得的平静与安宁，只要自己的工作对【⑤ 　　　　　】有益，就值得去做。

4 中国語でプレゼンしよう！

利用网络调查一下孙正义，并用简洁的语言介绍其家庭、事业及现在的功绩。

5 中国語でディベートしよう！

参考以下几个角度，分 AB 两方进行辩论和反驳。

1. 收入的安定性
2. 成就感
3. 自由度
4. 个人能力的发挥
5. 精神压力
6. 风险

A方 论点：应该自己创业　　　　B方 论点：应该当公务员

人口问题
Rénkǒu wèntí

美佳 1： 你有兄弟姐妹吗？

小李 1： 没有。我是1990年出生的，正是实行计划生育政策的年代，只能当独生子啊！

美佳 2： 噢，我忘了时代背景了。你同学也都是独生子女吗？

小李 2： 大部分都是。我上小学一年级时，全学年一共有300多个人，只有三个人不是独生子女。一个是父母离婚了，他父亲又娶了一个没有结过婚的人，所以有一个小弟弟；另一个是姐姐有残疾，他是被特殊批准出生的；还有一个是蒙古族，他家有两个孩子。

美佳 3： 哦，少数民族不受计划生育的限制？

小李 3： 不是一刀切。满族和壮族居住在城市的比较多，所以都只能生一个孩子，但蒙古族等可以生两个孩子，新疆、青海的少数民族牧民可以生三个孩子，而西藏那样的边远地区可以随便生。

美佳 4： 世界上唯一实行计划生育政策的国家就是中国。印度人口也很多，但印度一直不控制人口。再过几年，印度人口一定会超过中国。

小李 4： 这是注定的了。中国最近三十年来，人口减少得太厉害了！你知道吗？我爸爸家兄弟姐妹8个，我妈妈家兄弟姐妹6个，可是到了我这一代全变成独苗苗啦！

美佳 5： 这样的话，中国的人口结构就出问题了！跟日本一样，年青人少，老年人多，不管是经济发展还是社会保障都会失去活力的。

小李 5： 是啊！人口老龄化的日本是前车之鉴。正因为这样，不少学者和专家很担忧，呼吁废除独生子女政策。在社会舆论的广泛声援下，2015年实行了35年的独生子女政策终于结束了，现在谁都可以生二胎了。

美佳 6： 政策这么一变，中国人口又会多起来的！

小李 6： 这可不好说。过去中国人受儒家思想影响，认为"多子多福"，但现在人们的价值观不同了。

美佳 7： 是啊！现在的女性为了追求个人事业上的成就，宁肯少生孩子或不生孩子。

小李 7： 更不用说还有很多大龄青年因为种种原因根本结不了婚！

美佳 8： 的确是这样，想结而结不了婚也是导致日本人口下降的一大原因。

小李 8： 跟你说实话吧，我前女友说她不想要孩子，所以我跟她吹了！

Měi jiā ①： Nǐ yǒu xiōngdì jiěmèi ma?

xiǎo Lǐ ①： Méiyǒu. Wǒ shì yī jiǔ jiǔ líng nián chūshēng de, zhèng shì shíxíng jìhuà shēngyù zhèngcè de niándài, zhǐ néng dāng dúshēngzǐ a!

Měi jiā ②： Ò, wǒ wàng le shídài bèijǐng le. Nǐ tóngxué yě dōu shì dúshēng zǐnǚ ma?

xiǎo Lǐ ②： Dàbùfen dōu shì. Wǒ shàng xiǎoxué yīniánjí shí, quán xuénián yígòng yǒu sānbǎi duō ge rén, zhǐyǒu sān ge rén bú shì dúshēng zǐnǚ. Yí ge shì fùmǔ líhūn le, tā fùqin yòu qǔ le yí ge méiyǒu jié guo hūn de rén, suǒyǐ yǒu yí ge xiǎo dìdi; lìng yí ge shì jiějie yǒu cánjí, tā shì bèi tèshū pīzhǔn chūshēng de; hái yǒu yí ge shì Měnggǔzú, tā jiā yǒu liǎng ge háizi.

Měi jiā ③： Ò, shǎoshù mínzú bú shòu jìhuà shēngyù de xiànzhì?

xiǎo Lǐ ③： Bú shì yìdāoqiē. Mǎnzú hé Zhuàngzú jūzhù zài chéngshì de bǐjiào duō, suǒyǐ dōu zhǐ néng shēng yí ge háizi, dàn Měnggǔzú děng kěyǐ shēng liǎng ge háizi, Xīnjiāng, Qīnghǎi de shǎoshù mínzú mùmín kěyǐ shēng sān ge háizi, ér Xīzàng nàyàng de biānyuǎn dìqū kěyǐ suíbiàn shēng.

Měi jiā ④： Shìjiè shang wéiyī shíxíng jìhuà shēngyù zhèngcè de guójiā jiù shì Zhōngguó. Yìndù rénkǒu yě hěn duō, dàn Yìndù yìzhí bú kòngzhì rénkǒu. Zài guò jǐ nián, Yìndù rénkǒu yídìng huì chāoguò Zhōngguó.

xiǎo Lǐ ④： Zhè shì zhùdìng de le. Zhōngguó zuìjìn sānshí nián lái, rénkǒu jiǎnshǎo de tài lìhai le! Nǐ zhīdao ma? Wǒ bàba jiā xiōngdì jiěmèi bā ge, wǒ māma jiā xiōngdì jiěmèi liù ge, kěshì dào le wǒ zhè yí dài quán biànchéng dúmiáomiao la!

Měi jiā ⑤： Zhèyàng dehuà, Zhōngguó de rénkǒu jiégòu jiù chū wèntí le! Gēn Rìběn yíyàng, niánqīng rén shǎo, lǎonián rén duō, bùguǎn shi jīngjì fāzhǎn háishi shèhuì bǎozhàng dōu huì shīqù huólì de.

xiǎo Lǐ ⑤： Shì a! Rénkǒu lǎolínghuà de Rìběn shì qián chē zhī jiàn. Zhèng yīnwèi zhèyàng, bù shǎo xuézhě hé zhuānjiā hěn dānyōu, hūyù fèichú dúshēng zǐnǚ zhèngcè. Zài shèhuì yúlùn de guǎngfàn shēngyuán xià, èr líng yī wǔ nián shíxíng le sānshíwǔ nián de dúshēng zǐnǚ zhèngcè zhōngyú jiéshù le, xiànzài shéi dōu kěyǐ shēng èrtāi le.

Měi jiā ⑥： Zhèngcè zhème yí biàn, Zhōngguó rénkǒu yòu huì duōqǐlai de!

xiǎo Lǐ ⑥： Zhè kě bù hǎo shuō. Guòqù Zhōngguó rén shòu Rújiā sīxiǎng yǐngxiǎng, rènwéi "duō zǐ duō fú", dàn xiànzài rénmen de jiàzhíguān bù tóng le.

Měi jiā ⑦： Shì a! Xiànzài de nǚxìng wèile zhuīqiú gèrén shìyè shang de chéngjiù, nìngkěn shǎo shēng háizi huò bù shēng háizi.

xiǎo Lǐ ⑦： Gèng búyòng shuō háiyǒu hěn duō dàlíng qīngnián yīnwèi zhǒngzhǒng yuányīn gēnběn jiébuliǎo hūn!

Měi jiā ⑧： Díquè shì zhèyàng, xiǎng jié ér jiébuliǎo hūn yě shì dǎozhì Rìběn rénkǒu xiàjiàng de yí dà yuányīn.

xiǎo Lǐ ⑧： Gēn nǐ shuō shíhuà ba, wǒ qián nǚyǒu shuō tā bù xiǎng yào háizi, suǒyǐ wǒ gēn tā chuī le!

① 中国語で答えよう！

1. 小李上小学时，他们学校的独生子女比例是多少?

2. 在实行计划生育政策的时代，中国人什么情况下可以生二胎?

3. 少数民族的家庭也都是独生子女吗?

4. 取消独生子女政策的原因是什么?

5. 中国人口马上又会多起来吗?

② 中国語で言ってみよう！

1. 只能……
   私は日本語を学んだことがないので、日本に行ったら英語でコミュニケーションをとるしかありません。

2. 一个……，另一个……，还有一个……
   私には3人の外国人の友人がいます。一人は中国人の留学生、もう一人はインド人のシェフ、そしてもう一人はカナダからきたソフトウェアの開発者です。

3. 受……限制……
   子供ができてから気楽に引っ越しができなくなりました。近くに幼稚園があるかどうか、小児科の病院があるかどうか…など、制限が多すぎます。

4. 跟……一样……
   韓国語と同じように、日本語の動詞も目的語の後ろに置きます。

5. 为了……，宁肯……
   論文を完成させるためには、彼は寝なくてもかまいません。

---

③ 中国語を聴き取ろう！　🔊 14

　　计划生育政策开始于【①　　　　　】，转眼已经过去了30多个年头。这期间出生的孩子通常【②　　　　　】。因为他们是独生子女，在家中具有皇帝一样的【③　　　　　】的地位。独生子女一代人的教育和成长问题，一直被社会所关注。首先，这些孩子在家中受到来自父母、祖父母及亲戚们的高度宠爱，容易养成唯我独尊、任性又脆弱的性格。其次，由于缺少与兄弟姐妹的相处和共同成长，【④　　　　　】协调性和合作性差的特点。另外，独生子女长大以后，要担负自己的父母、爷爷奶奶、老爷姥姥以及配偶的父母、爷爷奶奶、老爷姥姥，大约12个老人的赡养。这是【⑤　　　　　】的一种现象，中国整个社会将经历严峻的考验！

④ 中国語でプレゼンしよう！

利用网络调查一下印度，并用简洁的语言介绍其人口、教育及社会问题。

⑤ 中国語でディベートしよう！

参考以下几个角度，分AB两方进行辩论和反驳。

1. 女性兼顾工作与家庭的困难
2. 幼儿园等保育设施的不足
3. 教育费用
4. 收入整体水平的降低
5. 家务量
6. 兄弟姐妹对于成长的影响

A方　论点：应该多生孩子　　　　B方　论点：不应该多生孩子

第 8 课　交通大开发

小李1：　上个月回中国，顺便回了一趟父亲的老家，感觉中国的交通条件大有改善啊！

美佳1：　是吗？都有哪些改善？你讲给我听听。

小李2：　我父亲的老家在辽宁省的一个小县城，5岁的时候曾跟父亲去过一次。记得我们从北京坐火车坐了12个小时才到沈阳，在沈阳住了一夜，第2天坐长途公共汽车，一会儿上山一会儿下山，转呀转呀，转了8个小时才到，真把我累坏了！

美佳2：　你这次回去花了多长时间？

小李3：　先从北京坐飞机到沈阳，一个半小时；然后打的去长途客运站，半个小时；坐公共汽车只用了三个小时，包括在北京去机场的时间在内，也才不过7个小时，真太轻松了。

美佳3：　同样是坐公共汽车，这次怎么会快这么多呢？

小李4：　现在隧洞挖好了，高速公路修好了，没有绕弯路啊！中国有句俗话，叫"要想富先修路"。要想发展经济，开发交通是首要的条件。日语中只说"衣食住"，到了汉语，要加一个字，说"衣食住行"。可见，中国人很重视交通的。

美佳4：　这是因为中国国土太大的缘故吧？

小李5：　可不是嘛。我一个朋友是新疆人。他从日本飞到北京才用两个多小时，可是，从北京飞到乌鲁木齐却要4个多小时，国内的路程比国际路程还远！所以，中国近几年来，不停地兴建机场、铺设高铁、修建高速公路，以缩短城市之间的移动时间。同时，在城市内部也大力加强地铁的建设。

美佳5：　我叔叔去年去中国出差回来，感叹中国的交通发展迅速。他说，北京和上海的地铁网四通八达，车次很多，几乎什么地方都能到。

小李6：　是的，只要不是高峰期，坐地铁蛮舒服的，而且特别便宜！

美佳 6： 我叔叔还说，中国的高铁也非常棒！比新干线还快呢。

小李 7： 没错儿，高铁已经成为中国科技水平的一个标志。因为高铁的总长度遥遥领先于世界，而且高铁的铺设地区，既有高寒又有酷热地带，既有高原又有盆地，涉及各种地势地貌，从而为高铁的运行和管理积累了十分丰富的数据。这使中国高铁具有超强的国际竞争力。

美佳 7： 这么说，日本的新干线技术遇到了强大的对手了！我有点儿替日本铁道公司担心了！

xiǎo Lǐ ①： Shàng ge yuè huí Zhōngguó, shùnbiàn huí le yí tàng fùqin de lǎojiā, gǎnjué Zhōngguó de jiāotōng tiáojiàn dà yǒu gǎishàn a!

Měi jiā ①： Shì ma? Dōu yǒu nǎ xiē gǎishàn? Nǐ jiǎng gěi wǒ tīngting.

xiǎo Lǐ ②： Wǒ fùqin de lǎojiā zài Liáoníng shěng de yí ge xiǎo xiànchéng, wǔ suì de shíhou céng gēn fùqin qù guo yí cì. Jìde wǒmen cóng Běijīng zuò huǒchē zuò le shí'èr ge xiǎoshí cái dào Shěnyáng, zài Shěnyáng zhù le yí yè, dì'èr tiān zuò chángtú gōnggòng qìchē, yíhuìr shàng shān yíhuìr xià shān, zhuàn ya zhuàn ya, zhuàn le bā ge xiǎoshí cái dào, zhēn bǎ wǒ lèihuài le!

Měi jiā ②： Nǐ zhè cì huíqu huā le duōcháng shíjiān?

xiǎo Lǐ ③： Xiān cóng Běijīng zuò fēijī dào Shěnyáng, yí ge bàn xiǎoshí; ránhòu dǎ dī qù chángtú kèyùnzhàn, bàn ge xiǎoshí; zuò gōnggòng qìchē zhǐ yòng le sān ge xiǎoshí, bāokuò zài Běijīng qù jīchǎng de shíjiān zài nèi, yě cái búguò qī ge xiǎoshí, zhēn tài qīngsōng le.

Měi jiā ③： Tóngyàng shì zuò gōnggòng qìchē, zhè cì zěnme huì kuài zhème duō ne?

xiǎo Lǐ ④： Xiànzài suìdòng wāhǎo le, gāosù gōnglù xiūhǎo le, méiyǒu rào wānlù a! Zhōngguó yǒu jù súhuà, jiào "yào xiǎng fù xiān xiū lù". Yào xiǎng fāzhǎn jīngjì, kāifā jiāotōng shì shǒuyào de tiáojiàn. Rìyǔ zhōng zhǐ shuō "yī shí zhù", dàole Hànyǔ, yào jiā yí ge zì, shuō "yī shí zhù xíng". Kějiàn, Zhōngguó rén hěn zhòngshì jiāotōng de.

Měi jiā ④： Zhè shì yīnwèi Zhōngguó guótǔ tài dà de yuángù ba?

xiǎo Lǐ ⑤： Kě bú shì ma. Wǒ yí ge péngyou shì Xīnjiāng rén. Tā cóng Rìběn fēidào Běijīng cái yòng liǎng ge duō xiǎoshí, kěshì, cóng Běijīng fēidào Wūlǔmùqí què yào sì ge duō xiǎoshí, guónèi de lùchéng bǐ guójì lùchéng hái yuǎn! Suǒyǐ, Zhōngguó jìn jǐ nián lái, bùtíng de xīngjiàn jīchǎng, pūshè gāotiě, xiūjiàn gāosù gōnglù, yǐ suōduǎn chéngshì zhī jiān de yídòng shíjiān. Tóngshí, zài chéngshì nèibù yě dàlì jiāqiáng dìtiě de jiànshè.

Měi jiā ⑤： Wǒ shūshu qùnián qù Zhōngguó chūchāi huílai, gǎntàn Zhōngguó de jiāotōng fāzhǎn xùnsù. Tā shuō, Běijīng hé Shànghǎi de dìtiěwǎng sì tōng bā dá, chēcì hěn duō, jīhū shénme dìfang dōu néng dào.

xiǎo Lǐ ⑥： Shì de, zhǐyào bú shì gāofēngqī, zuò dìtiě mán shūfu de, érqiě tèbié piányi!

Měi jiā ⑥： Wǒ shūshu hái shuō, Zhōngguó de gāotiě yě fēicháng bàng! Bǐ xīngànxiàn hái kuài ne.

xiǎo Lǐ ⑦： Méi cuòr, gāotiě yǐjing chéngwéi Zhōngguó kējì shuǐpíng de yí ge biāozhì. Yīnwèi gāotiě de zǒng chángdù yáoyáo lǐngxiān yú shìjiè, érqiě gāotiě de pūshè dìqū, jì yǒu gāohán yòu yǒu kùrè dìdài, jì yǒu gāoyuán yòu yǒu péndì, shèjí gè zhǒng dìshì dìmào, cóng'ér wèi gāotiě de yùnxíng hé guǎnlǐ jīlěi le shífēn fēngfù de shùjù. Zhè shǐ Zhōngguó gāotiě jùyǒu chāo qiáng de guójì jìngzhēnglì.

Měi jiā ⑦： Zhème shuō, Rìběn de xīngànxiàn jìshù yùdào le qiángdà de duìshǒu le! Wǒ yǒudiǎnr tì Rìběn tiědào gōngsī dānxīn le!

1　中国語で答えよう！

1. 小李回父亲的老家怎么感觉到交通改善了？

2. 公共汽车时间缩短的原因是什么？

3. 中国为什么必须大力发展交通？

4. 中国通过哪些措施发展交通？

5. 高铁为什么具有超强的国际竞争力？

2　中国語で言ってみよう！

1. 曾……
   僕は高校の時に全校の水泳大会に参加して1位になったことがあります。あの頃は今みたいに太っていませんでした。

2. 同样是……，怎么……
   同じように小麦粉と卵を使っているのに、彼女の作るケーキはどうしてこんなにおいしいのかな？

3. 可见……
   ここに来て数日で病気になったということは、ここの気候が君に合っていないことは明らかだ。

4. 这是因为……的缘故
   若者がどんどん東京に来るのは、小さな都市では仕事が見つからないからだ。

5. 同时……
   海外に留学に行くのは外国語を学ぶ良い機会だし、同時にまた外国の文化を理解する良い機会でもある。

③ 中国語を聴き取ろう！ 🔊 16

　　随着私家车在中国的普及，大城市的【① 　　　　　　　】愈演愈烈。不用说北京、上海、广州等一线城市，即使武汉、洛阳、桂林等二三线城市也是经常堵车。本来，买车是为了避免【② 　　　　　　　】，节省时间，可是，堵车的话，反而更费时间了。为了解决严重的拥堵问题，政府【③ 　　　　　　　】，其中一个就是大力建设地铁网。然而，不管新增加多少条地铁线，拥堵现象并没有【④ 　　　　　　　】。因为地铁线向郊区扩展，城市人口也向郊区扩展，城市越来越大，地铁线的延伸速度总是落后于城市人口的【⑤ 　　　　　　　】。

④ 中国語でプレゼンしよう！

利用网络调查一下共享单车，并用简洁的语言介绍其费用、使用方法和普及的程度。

⑤ 中国語でディベートしよう！

参考以下几个角度，分AB两方进行辩论和反驳。

1. 价格
2. 离市中心的距离
3. 乘坐前办手续所需要的时间
4. 安全程度
5. 舒适程度
6. 乘坐时间

A方 论点：从大阪去东京出差应该坐飞机
B方 论点：从大阪去东京出差应该坐新干线

汉语中的外来词
Hànyǔ zhōng de wàiláicí

美佳1： 我最近对汉语的外来词特别感兴趣，比如"可口可乐""保龄球"什么的太有意思啦！

小李1： 汉语引进外来词时，一般有两种做法：一种是音译，比如"沙发""咖啡"等；一种是意译，比如"冰箱""电话"等。像"可口可乐""保龄球"这样的词既表发音又表意义很不容易做到，真可以称为神来之笔！

美佳2： 我听说新文化运动时期，电话刚传入中国的时候，是音译的，叫"德律风"，后来怎么被"电话"代替了呢？

小李2： 汉字是表义文字，中国人总体上来说更喜欢表义的词。比起单纯表音的"德律风"，表义的"电话"更好理解，也更好记。所以，"电话"的说法成为主流。话又说回来了，"电话"这个意译词本身也是外来词，是从日语借来的。

美佳3： 我最近才知道，新文化运动时期汉语从日语中吸收了大量的词汇，像"社会""民主""科学"等词，我本来以为是日语从汉语借来的呢！

小李3： 汉语和日语之间发生大规模的词汇交流历史上有三个时期。最早当然是"遣隋使""遣唐使"时期。那时候，主要是日本从中国借用词汇。到了明治维新以后，中国开始从日本借用词汇。第三个时期就是改革开放之后，现在也是中国从日本借用的比较多。

美佳4： 前两次交流中，留学生的作用很大。第三次交流中，除了留学生之外，企业呀网络等作用也是巨大的。

小李4： 真的是这样！比如，"优衣库"和"三得利"等企业不去中国的话，这些音义绝佳的公司名怎么可能在中国家喻户晓呢？还有，如果没有网络，年青人不可能看到这么多日本的动漫和电视剧，那么，"声优""违和感""草食男"等词未必这么多这么快地进入生活。

美佳5：我觉得最近汉语中夹杂英文字母的情况也多起来了，比如"去了N次""我有点儿hold不住"什么的。

小李5：对，这是一种时尚，网上的文章大都这么写。最有意思的是"卡拉OK"这个词，现在大家把K当动词用，说"K歌儿"。

美佳6：说到这儿，我想起来了，下星期天咱们游泳社团成员要去喝酒K歌儿，你去不去？

Měi jiā ①：Wǒ zuìjìn duì Hànyǔ de wàiláicí tèbié gǎn xìngqu, bǐrú "Kěkǒukělè" "bǎolíngqiú" shénme de tài yǒuyìsi la!

xiǎo Lǐ ①：Hànyǔ yǐnjìn wàiláicí shí, yìbān yǒu liǎng zhǒng zuòfǎ: yì zhǒng shì yīnyì, bǐrú "shāfā" "kāfēi" děng; yì zhǒng shì yìyì, bǐrú "bīngxiāng" "diànhuà" děng. Xiàng "Kěkǒukělè" "bǎolíngqiú" zhèyàng de cí jì biǎo fāyīn yòu biǎo yìyì hěn bù róngyì zuòdào, zhēn kěyǐ chēngwéi shén lái zhī bǐ!

Měi jiā ②：Wǒ tīngshuō Xīnwénhuà yùndòng shíqī, diànhuà gāng chuánrù Zhōngguó de shíhou, shì yīnyì de, jiào "délǜfēng", hòulái zěnme bèi "diànhuà" dàitì le ne?

xiǎo Lǐ ②：Hànzì shì biǎoyì wénzì, Zhōngguó rén zǒngtǐ shang lái shuō gèng xǐhuan biǎoyì de cí. Bǐqǐ dānchún biǎoyīn de "délǜfēng", biǎoyì de "diànhuà" gèng hǎo lǐjiě, yě gèng hǎo jì. Suǒyǐ, "diànhuà" de shuōfǎ chéngwéi zhǔliú. Huà yòu shuōhuílai le, "diànhuà" zhè ge yìyìcí běnshēn yě shì wàiláicí, shì cóng Rìyǔ jièlái de.

Měi jiā ③：Wǒ zuìjìn cái zhīdao, Xīnwénhuà yùndòng shíqī Hànyǔ cóng Rìyǔ zhōng xīshōu le dàliàng de cíhuì, xiàng "shèhuì" "mínzhǔ" "kēxué" děng cí, wǒ běnlái yǐwéi shì Rìyǔ cóng Hànyǔ jièlái de ne!

xiǎo Lǐ ③：Hànyǔ hé Rìyǔ zhī jiān fāshēng dà guīmó de cíhuì jiāoliú lìshǐ shang yǒu sān ge shíqī. Zuìzǎo dāngrán shì "qiǎnsuíshǐ" "qiǎntángshǐ" shíqī. Nà shíhou, zhǔyào shì Rìběn cóng Zhōngguó jièyòng cíhuì. Dào le Míngzhì wéixīn yǐhòu, Zhōngguó kāishǐ cóng Rìběn jièyòng cíhuì. Dìsān ge shíqī jiù shì Gǎigé kāifàng zhī hòu, xiànzài yě shì Zhōngguó cóng Rìběn jièyòng de bǐjiào duō.

Měi jiā ④：Qián liǎng cì jiāoliú zhōng, liúxuéshēng de zuòyòng hěn dà. Dìsān cì jiāoliú zhōng, chú le liúxuéshēng zhī wài, qǐyè ya wǎngluò děng zuòyòng yě shì jùdà de.

xiǎo Lǐ ④：Zhēnde shì zhèyàng! Bǐrú, "Yōuyīkù" hé "Sāndélì" děng qǐyè bú qù Zhōngguó dehuà, zhè xiē yīnyì juéjiā de gōngsīmíng zěnme kěnéng zài Zhōngguó jiā yù hù xiǎo ne? Háiyǒu, rúguǒ méiyǒu wǎngluò, niánqīng rén bù kěnéng kàndào zhème duō Rìběn de dòngmàn hé diànshìjù, nàme, "shēngyōu" "wéihégǎn" "cǎoshínán" děng cí wèibì zhème duō zhème kuài de jìnrù shēnghuó.

Měi jiā ⑤：Wǒ juéde zuìjìn Hànyǔ zhōng jiāzá Yīngwén zìmǔ de qíngkuàng yě duōqǐlai le, bǐrú "qù le N cì" "wǒ yǒudiǎnr hold bú zhù" shénme de.

xiǎo Lǐ ⑤：Duì, zhè shì yì zhǒng shíshàng, wǎng shang de wénzhāng dàdōu zhème xiě. Zuì yǒuyìsi de shì "kǎlāOK" zhè ge cí, xiànzài dàjiā bǎ K dāng dòngcí yòng, shuō "K gēr".

Měi jiā ⑥：Shuōdào zhèr, wǒ xiǎngqǐlai le, xià xīngqītiān zánmen yóuyǒng shètuán chéngyuán yào qù hē jiǔ K gēr, nǐ qù bu qù?

1 中国語で答えよう！

1. 外来语中最有意思的是哪一类?

2. 汉语吸收外来语时有什么倾向?

3. 汉语和日语之间为什么有这么多双音节的同义词?

4. 对日中之间的语言交流起推进作用的是哪些人?

5. 改革开放以后，汉语接受外来语时出现了什么样的特点?

2 中国語で言ってみよう！

1. 既……又……
   彼らは持ち運びに便利で味も良いインスタントコーヒーを開発しました。

2. 刚……的时候，……，后来……
   大学に入ったばかりの時、彼は孤独を感じましたが、その後は友達が増えて、大学での生活を楽しく過ごしました。

3. 比起……，……更……
   四川料理より、私はあっさりした広東料理のほうがもっと好きです。

4. 本来以为……
   これはあなたが作ったの？あなたが買ったのだと思っていました。

5. 如果……，怎么可能……呢?
   彼の助けがなかったら、どうしてHSK6級が取れたでしょうか。

③ 中国語を聴き取ろう！ 🔊 18

外来词如果是以音译的方式引进来，意思往往【① 　　　　　】。比如，第一次听到"麦当劳"一词，如果没看到实物，你可能【② 　　　　　】。不过，正是因为意思不懂，才会引起人们的好奇与联想，产生广告效应。正像日本的商品名中充斥着大量的片假名一样，中国很多商品也故意【③ 　　　　　】。另外，【④ 　　　　　】倾向于使用外文字母。日文的假名在食品、文具、小饰品上出现得尤其多。由于设计者不懂日语，常常会出现拼写错误。但是，商家和购买者都不在乎。因为大家只是把假名【⑤ 　　　　　】，制造一种日本风格的想像而已。

④ 中国語でプレゼンしよう！

利用网络调查一下无印良品，并用简洁的语言介绍其在中国发展的历史以及在中国有人气的原因。

⑤ 中国語でディベートしよう！

参考以下几个角度，分 AB 两方进行辩论和反驳。

1. 国际交流和国际贸易的需要
2. 翻译软件已经大量出现
3. 学外语本身是一种兴趣
4. 通过学外语可以开阔视野增长见识
5. 人工智能必将取代人工翻译
6. 人和人的交流永远有需求

A方 论点：应该学习外语　　　B方 论点：不用学习外语

第10课 高考

Gāo kǎo

美佳1：6月份了！听说中国高考时间是在6月，对吧？

小李1：对，6月初。每年到了这个时候，参加高考的学生和家长都高度紧张。

美佳2：无论在哪个国家，考大学都是决定人生命运的一件大事！

小李2：在中国尤其如此。别忘了中国人口有14亿啊！竞争对手太多了！另外，中国的高考只有一次统一考试，一切都由这个统一考试的分数决定。

美佳3：在日本也有统一考试，但那个成绩只是个参考分。比如，我统一考试考得不太好，但大阪大学的入学考试考得很好，结果就考上了。

小李3：中国没有各个大学的考试，就是所谓"一锤定音"。如果考得不满意，当然也可以复读，第二年再参加考试。

美佳4：这么看来，在中国参加高考，一定要沉着镇定，保证万无一失。

小李4：是呀，这是最基本的素质。正是因为这样，一些应试教育成效显著的高中越来越受重视。比如，安徽省的毛坦厂中学，虽然位于交通不便的大别山里的小镇，但是全国闻名，每年吸引着成千上万的各地考生来这里就读。

美佳5：成千上万？有那么多吗？

小李5：真的，一点儿也不夸张。这个学校高三有90个班，一万一千多名学生。由于学校实行严格的寄宿管理制度，学习成绩提高得很快。

美佳6：怎么个严格法？

小李6：学校里禁止带手机，禁止上网，更禁止谈恋爱。作息时间严格按照学校的时间表进行，早上6点20进教室早读，直到晚上10点50才回宿舍，中间只有午饭晚饭各半个小时和午休一个小时，其余时间都是做题、做题、做题……

美佳7：这哪里是学校？简直是军营嘛！

小李7：你说"军营"还是客气的评价呢！好多人说这个学校是"监狱""地狱"！尽管如此，大部分从这里毕业的人却是很怀念甚至感谢那种

生活。

美佳 8： 真的吗？青春本来应该轻松快乐，怎么可以这样残酷地度过？

小李 8： 可那些毕业生觉得他们选择了这种地狱式的生活是有意义的。因为他们学到了想学的知识，锻炼了过人的意志，而且考上了名牌大学，为追求人生梦想打下了基础。不通过地狱如何进天堂！这是他们的价值观。

Měi jiā ①： Liù yuèfèn le! Tīngshuō Zhōngguó gāokǎo shíjiān shì zài liù yuè, duì ba?

xiǎo Lǐ ①： Duì, liù yuè chū. Měinián dào le zhè ge shíhou, cānjiā gāokǎo de xuésheng hé jiāzhǎng dōu gāodù jǐnzhāng.

Měi jiā ②： Wúlùn zài nǎ ge guójiā, kǎo dàxué dōu shì juédìng rénshēng mìngyùn de yí jiàn dàshì!

xiǎo Lǐ ②： Zài Zhōngguó yóuqí rúcǐ. Bié wàng le Zhōngguó rénkǒu yǒu shísì yì a! Jìngzhēng duìshǒu tài duō le! Lìngwài, Zhōngguó de gāokǎo zhǐyǒu yí cì tǒngyī kǎoshì, yíqiè dōu yóu zhè ge tǒngyī kǎoshì de fēnshù juédìng.

Měi jiā ③： Zài Rìběn yě yǒu tǒngyī kǎoshì, dàn nà ge chéngjì zhǐ shì ge cānkǎo fēn. Bǐrú, wǒ tǒngyī kǎoshì kǎo de bútài hǎo, dàn Dàbǎn dàxué de rùxué kǎoshì kǎo de hěnhǎo, jiéguǒ jiù kǎoshàng le.

xiǎo Lǐ ③： Zhōngguó méiyǒu gè ge dàxué de kǎoshì, jiùshì suǒwèi "yì chuí dìng yīn". Rúguǒ kǎo de bù mǎnyì, dāngrán yě kěyǐ fùdú, dì'èr nián zài cānjiā kǎoshì.

Měi jiā ④： Zhème kànlái, zài Zhōngguó cānjiā gāokǎo, yídìng yào chénzhuó zhèndìng, bǎozhèng wàn wú yì shī.

xiǎo Lǐ ④： Shì ya, zhè shì zuì jīběn de sùzhì. Zhèngshì yīnwèi zhèyàng, yìxiē yìngshì jiàoyù chéngxiào xiǎnzhù de gāozhōng yuè lái yuè shòu zhòngshì. Bǐrú, Ānhuī shěng de Máotǎnchǎng zhōngxué, suīrán wèiyú jiāotōng búbiàn de Dàbiéshān li de xiǎozhèn, dànshì quánguó wénmíng, měinián xīyǐn zhe chéng qiān shàng wàn de gèdì kǎoshēng lái zhèli jiùdú.

Měi jiā ⑤： Chéng qiān shàng wàn? Yǒu nàme duō ma?

xiǎo Lǐ ⑤： Zhēnde, yìdiǎnr yě bù kuāzhāng. Zhè ge xuéxiào gāosān yǒu jiǔshí ge bān, yíwàn yìqiān duō míng xuésheng. Yóuyú xuéxiào shíxíng yángé de jìsù guǎnlǐ zhìdù, xuéxí chéngjì tígāo de hěn kuài.

Měi jiā ⑥： Zěnme ge yángé fǎ?

xiǎo Lǐ ⑥： Xuéxiào li jìnzhǐ dài shǒujī, jìnzhǐ shàng wǎng, gèng jìnzhǐ tán liàn'ài. Zuòxī shíjiān yángé ànzhào xuéxiào de shíjiānbiǎo jìnxíng, zǎoshang liùdiǎn èrshí jìn jiàoshì zǎodú, zhídào wǎnshang shídiǎn wǔshí cái huí sùshè, zhōngjiān zhǐ yǒu wǔfàn wǎnfàn gè bàn ge xiǎoshí hé wǔxiū yí ge xiǎoshí, qíyú shíjiān dōu shì zuò tí, zuò tí, zuò tí……,

Měi jiā ⑦： Zhè nǎli shì xuéxiào? Jiǎnzhí shì jūnyíng ma!

xiǎo Lǐ ⑦： Nǐ shuō "jūnyíng" háishi kèqi de píngjià ne! Hǎoduō rén shuō zhè ge xuéxiào shì "jiānyù" "dìyù"! Jǐnguǎn rúcǐ, dàbùfen cóng zhèli bìyè de rén què shì hěn huáiniàn shènzhì gǎnxiè nà zhǒng shēnghuó.

Měi jiā ⑧： Zhēnde ma? Qīngchūn běnlái yīnggāi qīngsōng kuàilè, zěnme kěyǐ zhèyàng cánkù de dùguò?

xiǎo Lǐ ⑧： Kě nà xiē bìyèshēng juéde tāmen xuǎnzé le zhè zhǒng dìyù shì de shēnghuó shì yǒu yìyì de. Yīnwèi tāmen xuédào le xiǎng xué de zhīshi, duànliàn le guòrén de yìzhì, érqiě kǎoshàng le míngpái dàxué, wèi zhuīqiú rénshēng mèngxiǎng dǎxià le jīchǔ. Bù tōngguò dìyù rúhé jìn tiāntáng! Zhè shì tāmen de jiàzhíguān.

1 中国語で答えよう！

1. 在中国为什么高考前家长很紧张？

2. 为什么说中国高考是"一锤定音"？

3. 安徽省毛坦厂中学是一个什么样的中学？

4. 在安徽省毛坦厂中学学习，要过怎样的生活？

5. 为什么大多数毕业生对这种地狱式的生活反而心存感激呢？

2 中国語で言ってみよう！

1. 由……决定
   多くのことは努力によって決まります。

2. 只是……
   私はそこで飛行機を乗り換えたことがありますが、小さな町に過ぎなかった記憶があります。

3. 按照……
   政府が公布したデータによれば、今年の人口も減少しました。

4. 尽管如此……
   北海道の冬はとても寒いです。たとえそうでも、私はやはり自分のふるさとが好きです。

5. 总而言之……
   お父さんとお母さんは会議に行くし、おじいちゃんとおばあちゃんは映画に行きます。つまり、今晩あなたは一人でご飯を食べなさい。

3 中国語を聴き取ろう！ 🔊 20

中国【①　　　　　　　　】，叫"不能让孩子输在起跑线上"。从这句话中可以看到，中国的教育竞争其实【②　　　　　　　　】就开始了。先进有名的幼儿园，然后进重点小学，然后考重点中学，这才是保证【③　　　　　　　　】的捷径，这种想法在年轻父母中已经成为共识。其实，日本热心教育的父母也可以说【④　　　　　　　　】。不然的话，街上怎么会有那么多补习班？私立高中怎么会招到那么多学生？从这个角度看，考试竞争日趋白热化的原因不在于【⑤　　　　　　　　】，而在于他们的父母。

4 中国語でプレゼンしよう！

利用网络调查一下中国的大学教育制度，并用简洁的语言介绍一下与日本的不同。

5 中国語でディベートしよう！

参考以下几个角度，分 AB 两方进行辩论和反驳。

1. 青春时应该留下美好的记忆
2. 青春时应该享受自己的爱好
3. 青春是学习知识的最佳时间
4. 青春时一起玩儿的朋友是重要的人脉
5. 青春时快乐的状态决定人一生的幸福感
6. 青春时获得生存能力是最重要的

A方　论点：青春应该轻松度过　　　B方　论点：青春应该拼命努力

海外的中国人
Hǎi wài de Zhōngguó rén

美佳1：昨天我认识了一个中国人，他是从非洲的马达加斯加来的留学生。他说非洲中国人也非常多。

小李1：世界上没有哪个国家没有中国人，不管什么样的自然条件，中国人都能生存。

美佳2：中国人很喜欢移民到别的国家吗？

小李2：鸦片战争以前，中国人大部分乡土观念重，不要说去外国了，就是离开家乡去外地，大家都不愿意，也不敢。只有客家人有些例外，他们很早去海外，尤其在东南亚和北美，他们是早期移民的主体。

美佳3：我听说，客家人主要居住在福建、广东等南方地区。

小李3：是的，和南方人相比，北方人观念比较保守。因此，早期移民中北方人不太多。不过，到了改革开放以后，在第二次移民大潮中，北方人就多多了。因为观念彻底转变了。

美佳4：我对移民到国外的人还是比较敬佩的。到了国外，人生地不熟的，怎么生活呢？

小李4：早期移民的中国人在国外主要是靠出苦力。当地人不愿意干的辛苦活儿，比如挖矿呀，修铁路等等，中国人都认真去干。再有，就是用低廉的价格和优异的质量开餐馆、理发、做衣服什么的。菜刀、剃头刀和剪刀，这三刀是那时候华侨华人的立身之本。

美佳5：是呀，世界上好多国家都有唐人街，日本有三个中华街呢。

小李5：不过，改革开放以后走出去的新移民，就不太干这些工作了。因为大部分新移民是留学生，在欧美发达国家接受了高端科学文化的教育，毕业后主要在科研、教育、金融、贸易等领域从业。

美佳6：就是说，完成了从蓝领阶层到白领阶层的华丽转身。

小李6： 最近出现了一个新的动向是，作为早期移民的子孙，不少华人开始涉足政界。有的人参加竞选议员，有的人当选市长、州长，还有的人进入内阁。这一点在北美和澳洲表现得很明显。

美佳7： 我对华侨华人的印象是，对政治不关心，闷声挣大钱。

小李7： 今后可能不一样了。随着海外华人的增多，大家也觉得有必要选出代表自己政治利益的代表了。

Měi jiā ①： Zuótiān wǒ rènshi le yí ge Zhōngguó rén, tā shì cóng Fēizhōu de Mǎdájiāsījiā lái de liúxuéshēng. Tā shuō Fēizhōu Zhōngguó rén yě fēicháng duō.

xiǎo Lǐ ①： Shìjiè shang méiyǒu nǎ ge guójiā méiyǒu Zhōngguó rén, bùguǎn shénmeyàng de zìrán tiáojiàn, Zhōngguó rén dōu néng shēngcún.

Měi jiā ②： Zhōngguó rén hěn xǐhuan yímín dào bié de guójiā ma?

xiǎo Lǐ ②： Yāpiàn zhànzhēng yǐqián, Zhōngguó rén dàbùfen xiāngtǔ guānniàn zhòng, búyào shuō qù wàiguó le, jiùshì líkāi jiāxiāng qù wàidì, dàjiā dōu bú yuànyì, yě bù gǎn. Zhǐyǒu Kèjiā rén yǒuxiē lìwài, tāmen hěn zǎo qù hǎiwài, yóuqí zài Dōngnányà hé Běiměi, tāmen shì zǎoqī yímín de zhǔtǐ.

Měi jiā ③： Wǒ tīngshuō, Kèjiā rén zhǔyào jūzhù zài Fújiàn, Guǎngdōng děng nánfāng dìqū.

xiǎo Lǐ ③： Shì de, hé nánfāng rén xiāngbǐ, běifāng rén guānniàn bǐjiào bǎoshǒu. Yīncǐ, zǎoqī yímín zhōng běifāng rén bú tài duō. Búguò, dào le Gǎigé kāifàng yǐhòu, zài dì'èr cì yímín dàcháo zhōng, běifāng rén jiù duō duō le. Yīnwèi guānniàn chèdǐ zhuǎnbiàn le.

Měi jiā ④： Wǒ duì yímín dào guówài de rén háishi bǐjiào jìngpèi de. Dào le guówài, rén shēng dì bù shú de, zěnme shēnghuó ne?

xiǎo Lǐ ④： Zǎoqī yímín de Zhōngguó rén zài guówài zhǔyào shì kào chī kǔlì. Dāngdì rén bú yuànyì gàn de xīnkǔ huór, bǐrú wā kuàng ya, xiū tiělù děngděng, Zhōngguó rén dōu rènzhēn qù gàn. Zài yǒu, jiùshi yòng dīlián de jiàgé hé yōuyì de zhìliàng kāi cānguǎn, lǐfà, zuò yīfu shénme de. Càidāo, tìtóudāo hé jiǎndāo, zhè sān dāo shì nà shíhou huáqiáo huárén de lì shēn zhī běn.

Měi jiā ⑤： Shì ya, shìjiè shang hǎoduō guójiā dōu yǒu Tángrénjiē, Rìběn yǒu sān ge Zhōnghuájiē ne.

xiǎo Lǐ ⑤： Búguò, Gǎigé kāifàng yǐhòu zǒuchūqu de xīn yímín, jiù bú tài gàn zhè xiē gōngzuò le. Yīnwèi dàbùfen xīn yímín shì liúxuéshēng, zài Ōu-Měi fādá guójiā jiēshòu le gāoduān kēxué wénhuà de jiàoyù, bìyè hòu zhǔyào zài kēyán, jiàoyù, jīnróng, màoyì děng lǐngyù cóngyè.

Měi jiā ⑥： Jiùshì shuō, wánchéng le cóng lánlǐng jiēcéng dào báilǐng jiēcéng de huálì zhuǎn shēn.

xiǎo Lǐ ⑥： Zuìjìn chūxiàn le yí ge xīn de dòngxiàng shì, zuòwéi zǎoqī yímín de zǐsūn, bù shǎo huárén kāishǐ shèzú zhèngjiè. Yǒude rén cānjiā jìngxuǎn yìyuán, yǒude rén dāngxuǎn shìzhǎng, zhōuzhǎng, hái yǒude rén jìnrù nèigé. Zhè yìdiǎn zài Běiměi hé Àozhōu biǎoxiàn de hěn míngxiǎn.

Měi jiā ⑦： Wǒ duì huáqiáo huárén de yìnxiàng shì, duì zhèngzhì bù guānxīn, mēnshēng zhèng dàqián.

xiǎo Lǐ ⑦： Jīnhòu kěnéng bù yíyàng le. Suízhe hǎiwài huárén de zēngduō, dàjiā yě juéde yǒu bìyào xuǎnchū dàibiǎo zìjǐ zhèngzhì lìyì de dàibiǎo le.

① **中国語で答えよう！**

1. 中国人自古以来就喜欢移民海外吗？

2. 鸦片战争以前去国外的中国人主要是哪些人？

3. 为什么改革开放以后北方人也开始移民了？

4. 改革开放后去外国的华人和早期移民有什么不同？

5. 最近海外华人为什么涉足政界？

② **中国語で言ってみよう！**

1. 不管……，都……
   どんなに大きな苦労があっても、私は計画通りにこの本を書きあげます。

2. 不要说……，就是……，也……
   100万円は言うまでもなく、たとえ10万円でも僕は出せないよ。

3. 尤其……
   車の運転に気をつけてください。とくに雨が降っている時、この道は非常に危険です。

4. 到了……以后，……
   国慶節が過ぎてから、木の葉も赤くなり始めた。

5. 随着……
   中国経済の発展とともに、中国語の国際的影響力は高まっています。

③ 中国語を聴き取ろう！ 🔊 22

　　早年中国人到海外去，【① 　　　　　　　】真是太多了！除了语言、环境、文化等各方面的因素外，还有【② 　　　　　　　】的压力。那么，如何在【③ 　　　　　　　】克服这些困难呢？中国人主要动用了两件法宝：一件是"血缘关系"，一件是"地缘关系"。把家庭其他成员和亲戚都叫到海外来，【④ 　　　　　　　】，不会受欺负。同时，建立同乡会、同学会等，把有关联的人团结起来，组织起来，【⑤ 　　　　　　　】，共同合作。这样，就使自己不是孤立无缘，而是在强大势力的保护之下。这就是世界上这么多国家有"唐人街"的原因。

④ 中国語でプレゼンしよう！

利用网络调查一下鸦片战争，并用简洁的语言介绍鸦片战争的起因、过程和结果。

⑤ 中国語でディベートしよう！

参考以下几个角度，分 AB 两方进行辩论和反驳。

1. 生活环境
2. 社会治安
3. 医疗保险
4. 经济活力
5. 饮食
6. 文化

A方　论点：应该移民国外　　　　B方　论点：应该在日本生活

第12课 节假日

Dì shí'èr kè　　Jiéjiàrì

美佳1：我前两天看中国的日历，看得有点儿糊涂。怎么春节每年时间都不一样呢？

小李1：我们日常生活中使用的是公历，而春节是农历的正月初一，公历和农历不能准确匹配。所以，从公历的角度来看，春节的时间每年都有变动。

美佳2：除了春节之外，中国还有农历的节日吗？

小李2：有啊！比如，5月初5的端午节和8月15的中秋节都是农历。

美佳3：看日历，中国的节日比日本多得多，好羡慕啊！

小李3：日历上虽然写的节日很多，但并不是所有节日都放假。比如，三八妇女节和八一建军节，只有妇女和现役军人各放半天假，而9月10号的教师节等都只求一种纪念意义，大家不能休息，还得照常上班。这一点可别误会了。

美佳4：比较起来，日本的日历一目了然，只要是红字写的节日，一律放假。

小李4：另外，中国还有几个节日，虽然不放假，但一般人都记得，到时候会热烈庆祝的。

美佳5：都是些什么节日呢？

小李5：首先是圣诞节啊！这个源于西方文化的节日，中国人觉得它很浪漫很美好，特别是圣诞老人滑着雪橇夜里给小孩儿送礼物的故事，带给小朋友们多少联想啊！

美佳6：日本也是这样。不过，圣诞节的盛行也有商家炒作的一面。一进12月，各大商场购物中心就开始摆圣诞礼物、放圣诞歌儿，营造圣诞气氛了。在这种气氛下，大家自然会产生购物冲动。

小李6：不只是圣诞节，近几年流行的父亲节、母亲节和情人节等，也都有商家在背后运作。每年情人节这天，家家餐馆爆满，红玫瑰的价格普遍暴涨，有时候甚至会高出平时价格的几倍。

美佳7：原来中国情人节请客吃饭之外要送红玫瑰呀，日本送点儿巧克力就行了。

小李 7： 这方面最典型的例子要属11月11号的"光棍儿节"了。本来，"光棍儿节"是年青人为庆祝脱单成功而聚会的一个节日。阿里巴巴旗下的淘宝、天猫等购物网站看到了商机，以庆祝脱单为由大搞打折促销活动，结果把这一天变成了全国人民买买买的购物狂欢节。

美佳 8： 虽然购物很快乐，但"光棍儿节"的说法太刺激了！单身狗们该有多伤心啊！

Měi jiā ①： Wǒ qián liǎng tiān kàn Zhōngguó de rìlì, kàn de yǒudiǎnr hútu. Zěnme Chūnjié měinián shíjiān dōu bù yíyàng ne?

xiǎo Lǐ ①： Wǒmen rìcháng shēnghuó zhōng shǐyòng de shì gōnglì, ér Chūnjié shì nónglì de zhēngyuè chūyī, gōnglì hé nónglì bù néng zhǔnquè pīpèi. Suǒyǐ, cóng gōnglì de jiǎodù lái kàn, Chūnjié de shíjiān měinián dōu yǒu biàndòng.

Měi jiā ②： Chú le Chūnjié zhī wài, Zhōngguó hái yǒu nónglì de jiérì ma?

xiǎo Lǐ ②： Yǒu a! Bǐrú, wǔ yuè chūwǔ de Duānwǔjié hé bā yuè shíwǔ de Zhōngqiūjié dōu shì nónglì.

Měi jiā ③： Kàn rìlì, Zhōngguó de jiérì bǐ Rìběn duō de duō, hǎo xiànmù a!

xiǎo Lǐ ③： Rìlì shang suīrán xiě de jiérì hěn duō, dàn bìng bú shì suǒyǒu jiérì dōu fàngjià. Bǐrú, sānbā Fùnǚjié hé bāyī Jiànjūnjié, zhǐyǒu fùnǚ hé xiànyì jūnrén gè fàng bàn tiān jià, ér jiǔ yuè shí hào de Jiàoshījié děng dōu zhǐ qiú yì zhǒng jìniàn yìyì, dàjiā bù néng xiūxi, hái děi zhàocháng shàngbān. Zhè yìdiǎn kě bié wùhuì le.

Měi jiā ④： Bǐjiàoqǐlai, Rìběn de rìlì yí mù liǎo rán, zhǐyào shì hóngzì xiě de jiérì, yílù fàngjià.

xiǎo Lǐ ④： Lìngwài, Zhōngguó hái yǒu jǐ ge jiérì, suīrán bú fàngjià, dàn yìbān rén dōu jìde, dào shíhou huì rèliè qìngzhù de.

Měi jiā ⑤： Dōu shì xiē shénme jiérì ne?

xiǎo Lǐ ⑤： Shǒuxiān shì Shèngdànjié a! Zhè ge yuányú xīfāng wénhuà de jiérì, Zhōngguó rén juéde tā hěn làngmàn hěn měihǎo, tèbié shì Shèngdàn lǎorén huá zhe xuěqiāo yèli gěi xiǎoháir sòng lǐwù de gùshi, dài gěi xiǎo péngyou men duōshao liánxiǎng a!

Měi jiā ⑥： Rìběn yě shì zhèyàng. Búguò, Shèngdànjié de shèngxíng yě yǒu shāngjiā chǎozuò de yímiàn. Yí jìn shí'èr yuè, gè dà shāngchǎng gòuwù zhōngxīn jiù kāishǐ bǎi Shèngdàn lǐwù, fàng Shèngdàn gēr, yíngzào Shèngdàn qìfēn le. Zài zhè zhǒng qìfēn xià, dàjiā zìrán huì chǎnshēng gòuwù chōngdòng.

xiǎo Lǐ ⑥： Bù zhǐshì Shèngdànjié, jìn jǐ nián liúxíng de Fùqinjié, Mǔqinjié hé Qíngrénjié děng, yě dōu yǒu shāngjiā zài bèihòu yùnzuò. Měinián Qíngrénjié zhè tiān, jiājiā cānguǎn bàomǎn, hóng méiguī de jiàgé pǔbiàn bàozhǎng, yǒu shíhou shènzhì huì gāochū píngshí jiàgé de jǐbèi.

Měi jiā ⑦： Yuánlái Zhōngguó Qíngrénjié qǐngkè chīfàn zhī wài yào sòng hóng méiguī ya, Rìběn sòng diǎnr qiǎokèlì jiù xíng le.

xiǎo Lǐ ⑦： Zhè fāngmiàn zuì diǎnxíng de lìzi yào shǔ shíyī yuè shíyī hào de "Guānggùnrjié" le. Běnlái, "Guānggùnrjié" shì niánqīng rén wèi qìngzhù tuōdān chénggōng ér jùhuì de yí ge jiérì. Ālǐbābā qí xià de Táobǎo, Tiānmāo děng gòuwù wǎngzhàn kàndào le shāngjī, yǐ qìngzhù tuōdān wéi yóu dà gǎo dǎzhé cùxiāo huódòng, jiéguǒ bǎ zhè yìtiān biànchéng le quánguó rénmín mǎi mǎi mǎi de gòuwù kuánghuān jié.

Měi jiā ⑧： Suīrán gòuwù hěn kuàilè, dàn "Guānggùnrjié" de shuōfǎ tài cìjī le! Dānshēngǒu men gāi yǒu duō shāngxīn a!

1　中国語で答えよう！

1. 春节为什么每年时间不一样？

2. 中日之间有哪些相同的节日？

3. 中国的节日都放假吗？

4. 源于西方的节日有哪些？

5. "光棍节"是如何变成购物狂欢节的？

2　中国語で言ってみよう！

1. 而……
   彼らは日本語ができないし、私たちもイタリア語がわからないので、ジェスチャーで交流するしかありません。

2. 并不是……都……
   すべての人がお酒を飲みに行きたいわけではありません。

3. 照常……
   明日たとえ台風が来ても、いつも通りに通勤せねばなりません。

4. 甚至……
   毎年お正月前後は新幹線がすごく込みます。ひどい時は乗車率が200％になる時もあります。

5. 以……为由……
   彼女はいつも病気を理由にして授業にも出て来ず、宿題もしません。

3 中国語を聴き取ろう！ 🔊 24

从某种意义来说，"光棍儿节"的出现和成功是多种社会现象的【① 　　　】。一方面，大城市里表面看起来熙熙攘攘、热闹非凡，但人们【② 　　　】并不多。经历了千辛万苦，在茫茫人海中终于找到【③ 　　　】的人生伴侣时，彼此会格外珍惜。因此，为庆祝脱单会不惜抛洒重金。另一方面，随着【④ 　　　】和【⑤ 　　　】的变化，很多单身狗即使没找到意中人也要消费。不是为了送给谁，而是为了犒劳自己。总而言之，不管单身狗们脱单成功与否，淘宝上的商家都是能赚到钱的。

4 中国語でプレゼンしよう！

利用网络调查一下中国单身人数的增长，并用简洁的语言分析一下这个现象产生的原因。

5 中国語でディベートしよう！

参考以下几个角度，分AB两方进行辩论和反驳。

1. 传宗接代
2. 工作上的成就感
3. 老后生活
4. 经济条件
5. 养育孩子的困难
6. 养育孩子的乐趣

A方 论点：人生最重要的是结婚生子
B方 论点：人生最重要的是事业追求

著者紹介

著者：張恒悦（Zhāng Héngyuè），遼寧省出身。
　　　大阪大学言語文化研究科特任准教授，言語文化
　　　学博士（大阪大学）。

監修：古川裕（ふるかわ　ゆたか），京都市出身。
　　　大阪大学言語文化研究科教授，文学博士（北京
　　　大学中文系）。

本文デザイン　　小熊未央
表紙　　　　　　大下賢一郎
吹込者　　　　　李軼倫　李洵

巨大中国の今―中級中国語 ディベートへの招待―

| 検印省略 | © 2019 年 1 月 31 日　初 版 発行 |
| | 2025 年 1 月 31 日　第 3 刷発行 |

著　者　　　　　　　　　　　　張　恒悦
監　修　　　　　　　　　　　　古川　裕

発行者　　　　　　　　　　　　原　雅久
発行所　　　　　　　株式会社　朝日出版社
　　　　〒 101-0065　東京都千代田区西神田 3-3-5
　　　　　　　　　　電話 (03) 3239-0271・72 (直通)
　　　　　　　　　　振替口座　東京　00140-2-46008
　　　　　　　　　　http://www.asahipress.com/
　　　　　　　　　　　　　　　　　　　　倉敷印刷

乱丁・落丁本はお取り替えいたします
本書の一部あるいは全部を無断で複写複製（撮影・デジタル化を含む）及び転載することは、法律上で認められた場合を除き、禁じられています。
ISBN978-4-255-45321-7 C1087